Arabische Chrestomathie aus Prosaschriftstellern, hrsg. von August Fischer - Primary Source Edition

Rudolf-Ernst Brünnow, August Fischer

orporal
 in 200
oronto.
persor
r any fa

R. BRÜNNOWS
ARABISCHE CHRESTOMATHIE

AUS

PROSASCHRIFTSTELLERN

IN ZWEITER AUFLAGE

VÖLLIG NEU BEARBEITET UND HERAUSGEGEBEN

VON

AUGUST FISCHER.

A: TEXTE.

BERLIN,
VERLAG VON REUTHER & REICHARD

LONDON,   NEW YORK,
WILLIAMS & NORGATE   LEMCKE & BUECHNER
14, HENRIETTA STREET.   30—32, WEST 27 TH. STR.

1911.

Dieser provisorische Titel wird bei Ausgabe
des Glossars durch den endgültigen Titelbogen,
der zugleich Vorwort und deutsches Inhalts-
verzeichnis enthalten wird, ersetzt.

Die Verlagshandlung.

CORRIGENDA.

S. ٣, Z. 1 f. دَمِيمًا usf.: lies دَمِيمًا usf.

Z. 5 قَاسْتَعْوَتِ: „ فَاسْتَعْوَتِ

S. ٣٠, Z. 4 أَمتُكِ: „ إمّتُكِ

S. ٩٣, Z. 1 وانتخعاهُ: „ وا نتخعاهُ

S. ١١٢, Z. 18 ابى علىّ وما: „ ابى علـــــىّ وما

S. ١٣٢ Überschrift: hinter يُوسُفَ schalte ١٢ ein.

S. ١٥٢, Z. 16 الظاهرُ .... والباطن: lies الظاهرُ ٧ .... والباطن ٧

und füge als Fußnote hinzu: ٧ راجع القران ٥٧ :٣

S. ١٥٧, Z. 4 ربعين: lies اربعين

Von erwähnenswerten Fällen, wo Vokale abgesprungen sind oder sich verschoben haben, sind mir aufgestossen:

S. ٢٣, Z. 14 فأخذوه: lies فأخذوه

Z. 18 يَعْدُو: „ يَعْدُوَ

S. ١٤٥, Z. 2 أوَلِى: „ أُولِى

S. ١٥٧, Z. 7 يكونُ: „ يكونَ

تَسْهِيل التَّحْصِيل

وهو

كتاب مدرسى يتألف من
نخب مختارة من الكتب العربية

جمعه واعتنى بضبطه وطبعه
المدرس بالمدرسة الكلية الليبسيغية

اوغوست فيشر

طبع بمطبعة دروغولين
فى مدينة ليبسيغ المحروسة
سنة 1911 مسيحية

فهرست الكتاب

* (مِنْ كِتَابِ
تَسْلِيَةِ ٱلْخَوَاطِرِ فِي مُنْتَخَبَاتِ ٱلْمُلَحِ
وَٱلنَّوَادِرِ لِشَاكِرِ ٱلْبَتْلُونِيِّ) *

(١)

دَخَلَ طُفَيْلِيٌّ عَلَى قَوْمٍ يَأْكُلُونَ فَقَالَ لَهُمْ مَا تَأْكُلُونَ فَقَالُوا مِنْ بُغْضِهِ سَمًّا فَأَدْخَلَ يَدَهُ وَقَالَ ٱلْحَيَاةُ حَرَامٌ بَعْدَكُمْ ۞

(٢)

نَظَرَ رَجُلٌ مِنَ ٱلطُّفَيْلِيِّينَ إِلَى قَوْمٍ مِنَ ٱلزَّنَادِقَةِ يُسَارُ بِهِمْ إِلَى ٱلْقَتْلِ فَرَأَى لَهُمْ هَيْبَةً حَسَنَةً وَثِيَابًا ٥ نَقِيَّةً فَظَنَّهُمْ يُدْعَوْنَ إِلَى وَلِيمَةٍ فَتَلَطَّفَ حَتَّى دَخَلَ فِي لَفِيفِهِمْ وَصَارَ وَاحِدًا مِنْهُمْ فَلَمَّا بَلَغَ صَاحِبَ ٱلشُّرْطَةِ قَالَ أَصْلَحَكَ ٱللّٰهُ لَسْتُ وَٱللّٰهِ مِنْهُمْ وَإِنَّمَا

أَنَا طُفَيْلِيٌّ ظَنَنْتُهُمْ يُدْعَوْنَ إِلَى صَنِيعٍ فَدَخَلْتُ فِي جُمْلَتِهِمْ فَقَالَ لَيْسَ هٰذَا مِمَّا يُنْجِيكَ مِنِّي ٱضْرِبُوا عُنُقَهُ فَقَالَ أَصْلَحَكَ ٱللّٰهُ إِنْ كُنْتَ وَلَا بُدَّ فَاعِلًا فَمُرِ ٱلسَّيَّافَ أَنْ يَضْرِبَ بَطْنِي بِٱلسَّيْفِ فَإِنَّهُ هُوَ ٱلَّذِي وَرَّطَنِي فِي هٰذِهِ ٱلْوَرْطَةِ فَضَحِكَ صَاحِبُ ٱلشُّرْطَةِ وَسَأَلَ عَنْهُ فَأَخْبَرُوهُ أَنَّهُ طُفَيْلِيٌّ مَعْرُوفٌ فَخَلَّى سَبِيلَهُ ۞

(٣)

مَرَّ بَعْضُهُمْ بِٱمْرَأَةٍ قَاعِدَةٍ عَلَى قَبْرٍ وَهِيَ تَبْكِي فَقَالَ لَهَا مَا هٰذَا ٱلْمَيِّتُ مِنْكِ قَالَتْ زَوْجِي فَقَالَ لَهَا وَمَا كَانَ عَمَلُهُ قَالَتْ كَانَ يَحْفِرُ ٱلْقُبُورَ قَالَ أَبْعَدَهُ ٱللّٰهُ وَلَا رَحِمَهُ أَمَا عَلِمَ أَنَّهُ مَنْ حَفَرَ حُفْرَةً وَقَعَ فِيهَا ۞

(٤)

دَعَا مُغَنٍّ مَرَّةً أَخًا لَهُ فَأَقْعَدَهُ إِلَى ٱلْعَصْرِ فَلَمْ يُطْعِمْهُ شَيْئًا فَٱشْتَدَّ جُوعُهُ فَأَخَذَهُ مِثْلُ ٱلْجُنُونِ فَأَخَذَ صَاحِبُ ٱلْبَيْتِ ٱلْعُودَ وَقَالَ لَهُ بِحَيَاتِي أَيَّ صَوْتٍ تَشْتَهِي أَنْ أُسْمِعَكَ قَالَ صَوْتَ ٱلْمِقْلَى فَخَجَّلَ أَخَاهُ وَعَجَّلَ لَهُ بِطَعَامٍ ۞

(٥)

دَخَلَ شَرِيكُ بْنُ ٱلْأَعْوَرِ عَلَى مُعْوِيَةَ وَكَانَ دَمِيمًا فَقَالَ لَهُ مُعْوِيَةُ إِنَّكَ لَدَمِيمٌ وَٱلْجَمِيلُ خَيْرٌ مِنَ ٱلدَّمِيمِ وَإِنَّكَ لَشَرِيكٌ وَمَا لِلّٰهِ مِنْ شَرِيكٍ وَإِنَّ أَبَاكَ ٱلْأَعْوَرُ وَٱلصَّحِيحُ خَيْرٌ مِنَ ٱلْأَعْوَرِ فَكَيْفَ سُدْتَ قَوْمَكَ قَالَ إِنَّكَ لَمُعْوِيَةُ وَمَا مُعْوِيَةُ إِلَّا كَلْبَةٌ عَوَتْ فَٱسْتَعْوَتِ ٱلْكِلَابَ وَإِنَّكَ ٱبْنُ صَخْرٍ وَٱلسَّهْلُ خَيْرٌ مِنَ ٱلصَّخْرِ وَإِنَّكَ لَٱبْنُ حَرْبٍ وَٱلسِّلْمُ خَيْرٌ مِنَ ٱلْحَرْبِ وَإِنَّكَ لَٱبْنُ أُمَيَّةَ وَمَا أُمَيَّةُ إِلَّا أَمَةٌ صُغِّرَتْ فَكَيْفَ صِرْتَ أَمِيرَ ٱلْمُؤْمِنِينَ فَخَجِلَ مُعْوِيَةُ وَقَالَ إِنَّ ٱلْبَلَآءَ مُوَكَّلٌ بِٱلْمَنْطِقِ ۞

(٦)

اِجْتَمَعَ مُحَدِّثٌ وَنَصْرَانِيٌّ فِي سَفِينَةٍ فَأَخْرَجَ ٱلنَّصْرَانِيُّ زُكْرَةً مِنْ خَمْرٍ كَانَتْ مَعَهُ وَصَبَّ مِنْهَا فِي كَأْسٍ وَشَرِبَ ثُمَّ صَبَّ ثَانِيًا وَعَرَضَ عَلَى ٱلْمُحَدِّثِ فَتَنَاوَلَهُ مِنْ غَيْرِ فِكْرَةٍ وَلَا مُبَالَاةٍ فَقَالَ ٱلنَّصْرَانِيُّ جُعِلْتُ فِدَاكَ إِنَّهَا خَمْرَةٌ فَقَالَ ٱلْمُحَدِّثُ مِنْ أَيْنَ عَلِمْتَ ذٰلِكَ قَالَ ٱشْتَرَاهَا غُلَامِي مِنْ يَهُودِيٍّ فَشَرِبَهَا

ٱلْمُحَدِّثُ سَرِيعًا وَقَالَ لِلنَّصْرَانِيِّ مَا رَأَيْتُ أَحْمَقَ مِنْكَ نَحْنُ أَصْحَابُ ٱلْحَدِيثِ نَتَكَلَّمُ فِي مِثْلِ سُفْيَانَ ٱبْنِ عُيَيْنَةَ وَيَزِيدَ بْنِ هَارُونَ أَفَنُصَدِّقُ نَصْرَانِيًّا عَنْ غُلَامِهِ عَنْ يَهُودِيٍّ وَٱللّٰهِ مَا شَرِبْتُهَا إِلَّا لِضَعْفِ ٱلْإِسْنَادِ ۞

(٧)

أَمَرَ عُمَرُ بْنُ ٱلْخَطَّابِ بِقَتْلِ ٱلْهُرْمُزَانِ فَشَكَا ٱلْعَطَشَ فَأُتِيَ بِإِنَآءٍ فِيهِ مَآءٌ فَلَمَّا تَنَاوَلَهُ أَظْهَرَ رِعْشَةً فِي يَدِهِ يُوهِمُ أَنَّهَا مِنْ خَوْفٍ فَقَالَ عُمَرُ لَا بَأْسَ عَلَيْكَ حَتَّى تَشْرَبَ فَرَمَى ٱلْإِنَآءَ مِنْ يَدِهِ فَكَسَرَهُ فَأَمَرَ عُمَرُ بِقَتْلِهِ فَقَالَ ٱلْهُرْمُزَانُ أَوَلَيْسَ قَدْ أَعْطَيْتَنِي ٱلْأَمَانَ قَالَ مَتَى فَقَالَ أَلَسْتَ قُلْتَ لَا بَأْسَ عَلَيْكَ حَتَّى تَشْرَبَ وَلَمْ أَشْرَبْ قَالَ عُمَرُ قَاتَلَهُ ٱللّٰهُ أَخَذَ مِنَّا ٱلْأَمَانَ وَلَمْ نَشْعُرْ ۞

(٨)

وَمِنْ دَقِيقِ ٱلْإِشَارَاتِ أَنَّ ٱلْمُتَنَبِّيَ ٱلشَّاعِرَ ٱلْمَشْهُورَ مَدَحَ بَعْضَ أَعْدَآءِ مَلِكِهِ فَغَضِبَ وَهَمَّ أَنْ يَفْتِكَ بِهِ فَهَرَبَ. فَأَمَرَ ٱلْمَلِكُ بَعْدَ مُدَّةٍ كَاتِبَهُ أَنْ يَلْطِفَ لَهُ

ٱلْقَوْلَ لِيَأْتِيَ فَيَخْدَعَهُ وَيَقْتُلَهُ وَكَانَ ٱلْكَاتِبُ يُحِبُّ ٱلْمُتَنَبِّيَ وَلَمْ تَسَعْهُ ٱلْمُخَالَفَةُ فَكَتَبَ فِي آخِرِ ٱلْكِتَابِ قَدْ عَفَوْنَا إِنّ شَاءَ ٱللّٰهُ وَشَدَّدَ ٱلنُّونَ فَلَمَّا وَقَفَ ٱلْمُتَنَبِّي عَلَيْهِ رَحَلَ وَأَرْسَلَ إِلَى ٱلْكَاتِبِ ٱلْكِتَابَ وَقَدْ زَادَ أَلِفًا بَعْدَ ٱلنُّونِ ٱلْمُشَدَّدَةِ وَهٰذِهِ مِنْ أَلْطَفِ ٱلْإِشَارَاتِ فَإِنَّ ٱلْكَاتِبَ أَرَادَ بِإِنَّ قَوْلَهُ تَعَالَى[١] إِنَّ ٱلْمَلَأَ يَأْتَمِرُونَ بِكَ لِيَقْتُلُوكَ فَٱخْرُجْ إِنِّي لَكَ مِنَ ٱلنَّاصِحِينَ وَأَرَادَ ٱلْمُتَنَبِّي بِزِيَادَةِ ٱلْأَلِفِ قَوْلَهُ تَعَالَى[٢] إِنَّا لَنْ نَدْخُلَهَا أَبَدًا مَا دَامُوا فِيهَا

* (٩) *

قِيلَ كَانَ ٱلْمَأْمُونُ يَقْرَأُ ٱلْقُرْآنَ عَلَى ٱلْكِسَائِيِّ وَٱلْمَأْمُونُ إِذْ ذَاكَ صَغِيرٌ وَكَانَ مِنْ عَادَةِ ٱلْكِسَائِيِّ إِذَا قَرَأَ عَلَيْهِ ٱلْمَأْمُونُ يُطْرِقُ رَأْسَهُ فَإِذَا غَلِطَ ٱلْمَأْمُونُ رَفَعَ ٱلْكِسَائِيُّ رَأْسَهُ وَنَظَرَ إِلَيْهِ فَيَرْجِعُ ٱلْمَأْمُونُ إِلَى ٱلصَّوَابِ فَقَرَأَ ٱلْمَأْمُونُ يَوْمًا سُورَةَ ٱلصَّفِّ[٣] فَلَمَّا قَرَأَ يَا أَيُّهَا ٱلَّذِينَ آمَنُوا لِمَ تَقُولُونَ

١ القران ٢٨ : ١٩   ٢ القران ٥ : ٢٧   ٣ هى السورة ٦١

مَا لَا تَفْعَلُونَ[1] رَفَعَ ٱلْكِسَائِيُّ رَأْسَهُ وَنَظَرَ ٱلْمَأْمُونُ إِلَيْهِ فَكَرَّرَ ٱلْآيَةَ فَوَجَدَ ٱلْقِرَآءَةَ صَحِيحَةً فَمَضَى عَلَى قِرَآءَتِهِ وَٱنْصَرَفَ ٱلْكِسَائِيُّ فَدَخَلَ ٱلْمَأْمُونُ عَلَى أَبِيهِ ٱلرَّشِيدِ فَقَالَ يَا أَمِيرَ ٱلْمُؤْمِنِينَ إِنْ كُنْتَ وَعَدْتَ ٱلْكِسَائِيَّ وَعْدًا فَإِنَّهُ يَسْتَنْجِزُهُ مِنْكَ قَالَ إِنَّهُ كَانَ ٱلْتَمَسَ لِلْقُرَّآءِ شَيْئًا وَوَعَدْتُهُ بِهِ فَهَلْ قَالَ لَكَ شَيْئًا قَالَ لَا قَالَ فَمَا أَطْلَعَكَ عَلَى هٰذَا فَأَخْبَرَهُ بِٱلْأَمْرِ فَسَرَّهُ ذٰلِكَ مِنْ فِطْنَتِهِ وَحِدَّةِ ذَكَآئِهِ

(١٠)

حُكِيَ أَنَّ ٱمْرَأَةً تَخَاصَمَتْ مَعَ زَوْجِهَا فِي وَلَدٍ عِنْدَ بَعْضِ ٱلْحُكَّامِ فَقَالَتِ ٱلْمَرْأَةُ أَيَّدَكَ ٱللّٰهُ تَعَالَى هٰذَا وَلَدِي كَانَ بَطْنِي لَهُ وِعَآءً وَحِجْرِي لَهُ فِنَآءً وَثَدْيِي لَهُ سِقَآءً أُلَاحِظُهُ إِذَا قَامَ وَأَحْفَظُهُ إِذَا نَامَ فَلَمْ أَزَلْ كَذَا مُدَّةَ أَعْوَامٍ فَلَمَّا كَمَلَ فِصَالُهُ وَٱشْتَدَّتْ أَوْصَالُهُ وَحَسُنَتْ خِصَالُهُ أَرَادَ أَبُوهُ أَخْذَهُ مِنِّي وَإِبْعَادَهُ عَنِّي فَقَالَ ٱلْحَاكِمُ لِلرَّجُلِ قَدْ سَمِعْتَ مَقَالَ

---

١ الآية ٣

زَوْجَتَكَ فَمَا عِنْدَكَ مِنَ ٱلْجَوَابِ قَالَ صَدَقَتْ وَلٰكِنِّي حَمَلْتُهُ قَبْلَ أَنْ تَحْمِلَهُ وَوَضَعْتُهُ قَبْلَ أَنْ تَضَعَهُ وَأُرِيدُ أَنْ أُعَلِّمَهُ ٱلْعِلْمَ وَأُفَهِّمَهُ ٱلْحُكْمَ فَقَالَ ٱلْحَاكِمُ مَا تَقُولِينَ فِي جَوَابِ كَلَامِهِ أَيَّتُهَا ٱلْمَرْأَةُ فَقَالَتْ صَدَقَ فِي مَقَالِهِ وَلٰكِنَّهُ حَمَلَهُ ضَعِيفًا وَحَمَلْتُهُ ثَقِيلًا وَوَضَعَهُ شَهْوَةً وَوَضَعْتُهُ كُرْهًا فَتَعَجَّبَ ٱلْحَاكِمُ مِنْ كَلَامِهَا وَقَالَ لِلرَّجُلِ ٱدْفَعْ لَهَا وَلَدَهَا فَهِيَ أَحَقُّ بِهِ مِنْكَ ۞

(١١)

حَكَى أَبُو جَعْفَرٍ مُحَمَّدُ بْنُ ٱلْفَضْلِ ٱلضَّمِيرِيُّ قَالَ كَانَ فِي بَلَدِنَا عَجُوزٌ صَالِحَةٌ كَثِيرَةُ ٱلصِّيَامِ وَٱلصَّلَاةِ وَكَانَ لَهَا ٱبْنٌ صَيْرَفِيٌّ مُنْهَمِكٌ عَلَى ٱلشُّرْبِ وَٱللَّعِبِ وَكَانَ يَتَشَاغَلُ بِدُكَّانِهِ أَكْثَرَ نَهَارِهِ ثُمَّ يَعُودُ إِلَى مَنْزِلِهِ فَيُخَبِّئُ كِيسَهُ عِنْدَ وَالِدَتِهِ وَيَمْضِي فَيَبِيتُ فِي مَوَاضِعَ يَشْرَبُ فِيهَا فَعَيَّنَ بَعْضُ ٱللُّصُوصِ عَلَى كِيسِهِ لِيَأْخُذَهُ فَجَاءَ وَرَاءَهُ فَدَخَلَ إِلَى ٱلدَّارِ وَهُوَ لَا يَعْلَمُ فَٱخْتَبَأَ فِيهَا وَسَلَّمَ هُوَ كِيسَهُ إِلَى أُمِّهِ وَخَرَجَ وَبَقِيَتْ هِيَ وَحْدَهَا فِي ٱلدَّارِ وَكَانَ لَهَا فِي دَارِهَا بَيْتٌ مُؤَزَّرٌ

بِٱلسَّاجِ عَلَيْهِ بَابٌ مِنْ حَدِيدٍ تَجْعَلُ قُمَاشَهَا فِيهِ وَٱلْكِيسَ فَخَبَّأَتِ ٱلْكِيسَ فِيهِ خَلْفَ ٱلْبَابِ وَجَلَسَتْ فَأَفْطَرَتْ بَيْنَ يَدَيْهِ فَقَالَ ٱللِّصُّ ٱلسَّاعَةَ تُقْفِلُهُ وَتَنَامُ وَأَنْزِلُ وَأَقْلَعُ ٱلْبَابَ وَآخُذُ ٱلْكِيسَ فَلَمَّا أَفْطَرَتْ قَامَتْ تُصَلِّي وَمَدَّتِ ٱلصَّلَاةَ وَمَضَى نِصْفُ ٱللَّيْلِ وَتَحَيَّرَ ٱللِّصُّ وَخَافَ أَنْ يُدْرِكَهُ ٱلصُّبْحُ فَطَافَ فِي ٱلدَّارِ فَوَجَدَ إِزَارًا جَدِيدًا وَبَخُورًا فَٱتَّزَرَ بِٱلْإِزَارِ وَأَوْقَدَ ٱلْبَخُورَ وَأَقْبَلَ يَنْزِلُ عَلَى ٱلدَّرَجَةِ وَيَصِيحُ بِصَوْتٍ غَلِيظٍ لِيُفْزِعَ ٱلْعَجُوزَ وَكَانَتْ جَلْدَةً لَا تَخَافُ فَفَطِنَتْ أَنَّهُ لِصٌّ فَقَالَتْ مَنْ هٰذَا بِٱرْتِعَادٍ وَفَزَعٍ فَقَالَ أَنَا جَبْرَئِيلُ رَسُولُ رَبِّ ٱلْعَالَمِينَ أَرْسَلَنِي إِلَى ٱبْنِكِ هٰذَا ٱلْفَاسِقِ لِأَعِظَهُ وَأُعَامِلَهُ بِمَا يَمْنَعُهُ عَنِ ٱرْتِكَابِ ٱلْمَعَاصِي فَأَظْهَرَتْ أَنَّهَا قَدْ غُشِيَ عَلَيْهَا مِنَ ٱلْفَزَعِ وَأَقْبَلَتْ تَقُولُ يَا جَبْرَئِيلُ أَسْأَلُكَ إِلَّا رَفَقْتَ بِهِ فَإِنَّهُ وَحِيدٌ لِي فَقَالَ ٱللِّصُّ مَا أُرْسِلْتُ لِقَتْلِهِ قَالَتْ فَبِمَا أُرْسِلْتَ قَالَ لِآخُذَ كِيسَهُ وَأُحْرِقَ قَلْبَهُ بِذٰلِكَ فَإِذَا تَابَ رَدَدْتُهُ عَلَيْهِ فَقَالَتْ يَا جَبْرَئِيلُ شَأْنَكَ ٱفْعَلْ مَا أُمِرْتَ بِهِ مِنْ رَبِّ ٱلْعَالَمِينَ فَقَالَ تَنَحَّيْ مِنْ بَابِ ٱلْبَيْتِ

فَتَنَحَّتْ وَفَتَحَ هُوَ ٱلْبَابَ وَدَخَلَ لِيَأْخُذَ ٱلْكِيسَ وَٱلْقُمَاشَ وَٱشْتَغَلَ فِي تَكْوِيرِهِ فَمَشَتِ ٱلْعَجُوزُ قَلِيلًا قَلِيلًا وَجَذَبَتِ ٱلْبَابَ وَجَعَلَتِ ٱلْحَلْقَةَ فِي ٱلرَّزَّةِ وَجَآءَتْ بِقُفْلٍ فَقَفَّلَتْهُ فَنَظَرَ ٱللِّصُّ إِلَى ٱلْمَوْتِ وَرَامَ حِيلَةً فِي نَقْبٍ أَوْ مَنْفَذٍ فَلَمْ يَجِدْ فَقَالَ ٱفْتَحِي لِأَخْرُجَ فَقَدِ ٱتَّعَظَ ٱبْنُكِ فَقَالَتْ يَا جَبْرَئِيلُ أَخَافُ أَنْ أَفْتَحَ ٱلْبَابَ فَتَذْهَبَ عَيْنِي مِنْ مُلَاحَظَةِ نُورِكَ ٱلْبَاهِرِ فَقَالَ إِنِّي أُطْفِئُ نُورِي حَتَّى لَا يَذْهَبَ بِعَيْنَيْكِ فَقَالَتْ يَا جَبْرَئِيلُ أَنْتَ رَسُولُ رَبِّ ٱلْعَالَمِينَ فَأَهْلًا وَمَرْحَبًا بِكَ وَأُرِيدُ أَنْ تَبْقَى عِنْدِي إِلَى ٱلصَّبَاحِ لِتُبَارِكَ مَنْزِلِي فَقَالَ لَهَا أَمَا قُلْتُ لَكِ إِنَّ ٱبْنَكِ قَدِ ٱتَّعَظَ فَلَا حَاجَةَ لِوُجُودِي عِنْدَكِ إِلَى ٱلصَّبَاحِ وَٱلْحَقُّ يَحْتَاجُنِي فَرُبَّمَا أَرَادَ أَنْ يُرْسِلَنِي لِأَعِظَ أَوْلَادَ غَيْرِكِ فَلَا يَجِدُنِي فَقَالَتْ لَا بَأْسَ يَا جَبْرَئِيلُ مَا يُعْوِزُكَ أَنْ تَخْرُجَ مِنَ ٱلسَّقْفِ أَوْ تَخْرِقَ ٱلْحَائِطَ بِرِيشَةٍ مِنْ جَنَاحِكَ وَلَا تُكَلِّفَنِي لِتَغْوِيرِ بَصَرِي فَأَحَسَّ ٱللِّصُّ بِأَنَّهَا جَلْدَةٌ وَأَنَّهَا قَدْ عَرَفَتِ ٱلْمَسْأَلَةَ فَأَخَذَ يَرْفُقُ بِهَا وَيُدَارِيهَا وَيَبْذُلُ ٱلتَّوْبَةَ

فَقَالَتْ دَعْ عَنْكَ هٰذَا لَا سَبِيلَ إِلَى ٱلْخُرُوجِ إِلَّا
بِٱلنَّهَارِ فَمَا زَالَ يَسْأَلُهَا ٱلْخُرُوجَ وَتَمْنَعُهُ حَتَّى طَلَعَتِ
ٱلشَّمْسُ وَجَاءَ ٱبْنُهَا وَعَرَفَ خَبَرَهَا وَحَدَّثَتْهُ ٱلْحَدِيثَ
فَأَحْضَرَ صَاحِبَ ٱلشُّرْطَةِ وَفَتَحَ ٱلْبَابَ وَقَبَضَ عَلَى
٥ ٱللِّصِّ وَقَالَ لَهُ يُوجَدُ عِنْدَنَا فِى ٱلسِّجْنِ كَثِيرُونَ
مِنَ ٱلْفُسَّاقِ وَٱلْمُنْهَمِكِينَ فِى ٱلشُّرْبِ وَٱللَّعِبِ فَأُرِيدُ
أَنْ أُدْخِلَكَ عَلَيْهِمْ إِلَى ٱلسِّجْنِ يَا جَبْرَئِيلُ لَعَلَّهُمْ
يَتَّعِظُونَ مِنْكَ كَمَا ٱتَّعَظَ ٱبْنُ ٱلْعَجُوزِ قَالَ فَأَدْخَلَهُ
إِلَى ٱلسِّجْنِ وَمَا زَالَ بِهِ حَتَّى مَاتَ۞

(١٢)

١٠ قِيلَ كَانَ فِى مَدِينَةِ هَمَدَانَ مِنْ بِلَادِ فَارِسَ
ٱلْمَعْرُوفَةِ ٱلْآنَ بِبِلَادِ ٱلْعَجَمِ جَمْعِيَّةٌ مِنْ مَشَاهِيرِ
ٱلْعُلَمَآءِ وَكَانَ أَوَّلُ قَانُونٍ مِنْ قَوَانِينِهَا مَحْصُورًا فِى
هٰذِهِ ٱلْكَلِمَاتِ وَهِىَ إِنَّ عُلَمَآءَ هٰذِهِ ٱلْجَمْعِيَّةِ
يَفْتَكِرُونَ كَثِيرًا وَيَتَكَلَّمُونَ قَلِيلًا وَيَكْتُبُونَ أَقَلَّ مَا
١٥ يَكُونُ وَكَانَتْ تُسَمَّى جَمْعِيَّةَ ذَوِى ٱلصَّمْتِ وَلَمْ يَكُنْ
حِينَئِذٍ عَالِمٌ فِى ٱلْعَالَمِ إِلَّا وَتَمَنَّى أَنْ يَكُونَ مِنْ
أَعْضَائِهَا فَبَلَغَ ٱلْعَلَّامَةَ زَابَ ٱلْمُؤَلِّفَ ٱلشَّهِيرَ ٱلَّذِى

كَانَ سَاكِنًا فِي أَقْصَى ٱلْبِلَادِ ٱلْمَذْكُورَةِ أَنَّ جَمْعِيَّةَ ذَوِي ٱلصَّمْتِ قَدْ فَرَغَ فِيهَا مَكَانُ عُضْوٍ وَاحِدٍ فَقَامَ فِي ٱلْحَالِ وَقَدِمَ إِلَى هَمَذَانَ حَتَّى أَتَى وَوَقَفَ عَلَى بَابِ ٱلْمَجْلِسِ ٱلَّذِي كَانَ ٱلْعُلَمَآءُ ٱلْمَذْكُورُونَ مُجْتَمِعِينَ فِيهِ وَسَأَلَ ٱلْحَاجِبَ أَنْ يَذْهَبَ إِلَى ٱلْمُقَدَّمِ بِرُقْعَةٍ قَدْ كَتَبَ فِيهَا إِنَّ ٱلْعَلَّامَةَ زَابَ يَطْلُبُ بِتَذَلُّلٍ قَبُولَهُ فِي ٱلْمَكَانِ ٱلْفَارِغِ فَقَضَى ٱلْحَاجِبُ ٱلْحَاجَةَ فِي ٱلْحَالِ وَلٰكِنَّ ٱلْعَلَّامَةَ زَابَ وَتَذْكِرَتَهُ كَانَا قَدْ أَبْطَآ عَنِ ٱلْمَجِيءِ لِأَنَّ ٱلْمَكَانَ ٱلْفَارِغَ كَانَ قَدْ مُلِئَ بِآخَرَ قَبْلَ ذٰلِكَ بِمُدَّةٍ قَصِيرَةٍ فَشَمِلَ أَعْضَآءَ تِلْكَ ٱلْجَمْعِيَّةِ أَسَفٌ وَكَآبَةٌ عَلَى فَوَاتِ ٱلشَّهِيرِ مِنْ يَدِ سَعَادَتِهِمْ وَحَظِّهِمْ وَذٰلِكَ أَنَّهُمْ كَانُوا قَدْ قَبِلُوا بِغَيْرِ رِضًى وَاحِدًا مِنَ ٱلْمُتَعَلِّقِينَ بِدَآئِرَةِ ٱلْمَلِكِ وَكَانَ هٰذَا فَظَّ ٱلْفَصَاحَةِ قَلِيلَ ٱلْعِلْمِ بِحَيْثُ يُدْهِشُ أَهْلَ ٱلْأَزِقَّةِ فَحَزِنُوا لِأَنَّهُمْ رَأَوْا أَنْفُسَهُمْ مُغْتَصَبِينَ أَنْ يَرْفِضُوا ٱلْعَلَّامَةَ زَابَ ٱلَّذِي كَانَ بَلْوَى أَهْلِ ٱلسَّفْسَطَةِ وَكَانَ ذَا عَقْلٍ كَبِيرٍ وَصَدْرٍ مَذْخُورَةٍ فِيهِ خَزَآئِنُ ٱلْعِلْمِ فَرَئِيسُ ٱلْجَمْعِيَّةِ ٱلَّذِي قَدْ فُوِّضَ إِلَيْهِ أَنْ يُخْبِرَ

ٱلْعَلَّامَةَ زَابَ ٱلْمَذْكُورَ بِهٰذَا ٱلْخَبَرِ ٱلْمَكْرُوهِ لَمْ يَقْدِرْ أَنْ يَقُومَ بِذٰلِكَ فَأَخَذَتْهُ ٱلْحَيْرَةُ فِي تَدْبِيرِ هٰذَا ٱلْأَمْرِ وَبَعْدَ أَنْ أَطَالَ فِكْرَتَهُ قَلِيلًا بِهٰذَا ٱلشَّأْنِ أَخَذَ قَدَحًا كَبِيرًا وَصَبَّ فِيهِ مَآءً حَتَّى مَلَأَهُ دِهَاقًا بِحَيْثُ لَوْ زِيدَ عَلَيْهِ لَطَفَحَ بِقَدْرِهَا ثُمَّ أَشَارَ بِأَنْ يَدْخُلَ ٱلطَّالِبُ فَدَخَلَ وَظَهَرَتْ عَلَى وَجْهِهِ سِيمَآءُ ٱلْوَدَاعَةِ وَٱلِٱحْتِشَامِ ٱلَّتِي هِيَ غَالِبًا دَلِيلٌ عَلَى فَضْلٍ حَقِيقِيٍّ فَنَهَضَ ٱلرَّئِيسُ وَبِوَجْهٍ حَزِينٍ أَرَاهُ ٱلْقَدَحَ ٱلْقِرْمِزِيَّ أَيْ ذٰلِكَ ٱلْقَدَحُ مَمْلُوءٌ ٱمْتِلَآءً تَامًّا بِدُونِ أَنْ يَلْفِظَ بِكَلِمَةٍ فَفَهِمَ ٱلْعَلَّامَةُ زَابُ حَقِيقَةَ ذٰلِكَ ٱلرَّمْزِ أَيْ إِنَّهُ لَمْ يَبْقَ مَحَلٌّ فَارِغٌ فِي ٱلْجَمْعِيَّةِ غَيْرَ أَنَّهُ لَمْ يَقْطَعْ رَجَآءَهُ فَأَرَادَ أَنْ يُفْهِمَهُمْ أَنَّهُ إِنْ زِيدَ وَاحِدٌ عَلَى عُلَمَآءِ ٱلْجَمْعِيَّةِ لَمْ يَكُنْ بَأْسٌ فِي ذٰلِكَ فَوَقَعَ بَصَرُهُ عَلَى وَرَقَةٍ كَانَتْ بَيْنَ رِجْلَيْهِ فَتَنَاوَلَهَا وَوَضَعَهَا بِلَطَافَةٍ عَلَى وَجْهِ ٱلْمَآءِ وَضْعًا مُحْكَمًا بِحَيْثُ لَا يَنْدَفِقُ مِنْهُ وَلَا نُقْطَةٌ وَاحِدَةٌ فَصَفَّقُوا كُلُّهُمْ بِأَيْدِيهِمْ عِنْدَ مَا رَأَوْا جَوَابَهُ ٱلْبَدِيعَ وَغَضُّوا ٱلنَّظَرَ ذٰلِكَ ٱلْيَوْمَ عَنِ ٱلْقَوَانِينِ وَبِثَنَآءٍ وَافِرٍ قَبِلُوا ٱلْعَلَّامَةَ زَابَ وَفِي ٱلْحَالِ

أَحْضَرُوا إِلَيْهِ دَفْتَرَ ٱلْجَمْعِيَّةِ ٱلَّذِى كَانَتْ تُكْتَبُ فِيهِ أَسْمَآءُ ٱلدَّاخِلِينَ فَكَتَبَ ٱسْمَهُ فِيهِ وَلَمْ يَبْقَ عَلَيْهِ إِلَّا أَنْ يُخَاطِبَهُمْ حَسَبَ ٱلْعَادَةِ بِكَلِمَاتٍ شُكْرِيَّةٍ وَلٰكِنَّهُ ظَهَرَ عَالِمًا سُكُوتِيًّا بِٱلْحَقِيقَةِ لِأَنَّهُ شَكَرَهُمْ بِدُونِ أَنْ يَلْفِظَ بِكَلِمَةٍ وَذٰلِكَ أَنَّهُ كَتَبَ فِى ٱلْحَاشِيَةِ عَدَدَ (١٠٠) وَكَانَ ذٰلِكَ عَدَدَ أَهْلِ ٱلْجَمْعِيَّةِ أَقْرَانِهِ ثُمَّ وَضَعَ صِفْرًا عَنْ يَسَارِ ٱلرَّقْمِ فَصَارَ (٠١٠٠) وَكَتَبَ تَحْتَهُ لَا يَزِيدُونَ وَلَا يَنْقُصُونَ فَأَرَادَ ٱلرَّئِيسُ أَنْ يُجَاوِبَ ٱلْعَلَّامَةَ زَابَ ٱلْمُتَوَاضِعَ بِلُطْفٍ وَحَذَاقَةٍ فَجَعَلَ ذٰلِكَ ٱلصِّفْرَ رَقْمًا وَاحِدًا فَصَارَ (١١٠٠) وَكَتَبَ بَلْ يَزِيدُونَ أَضْعَافَ مَا كَانُوا ۞

(١٣)

وَمِنْ أَلْطَفِ مَا حُكِىَ أَنَّ ٱلصَّاحِبَ بَدْرَ ٱلدِّينِ وَزِيرَ ٱلْيَمَنِ كَانَ لَهُ أَخٌ بَدِيعُ ٱلْجَمَالِ وَكَانَ شَدِيدَ ٱلْحِرْصِ عَلَيْهِ فَأَتَى لَهُ بِشَيْخٍ ذِى هَيْبَةٍ وَوَقَارٍ وَدِينٍ وَعِفَّةٍ لِيُعَلِّمَهُ وَأَسْكَنَهُ بِمَنْزِلٍ قَرِيبٍ مِنْهُ فَأَقَامَ عَلَى ذٰلِكَ مُدَّةً يَأْتِى كُلَّ يَوْمٍ إِلَى بَيْتِ ٱلصَّاحِبِ بَدْرِ ٱلدِّينِ يُعَلِّمُ أَخَاهُ وَيَنْصَرِفُ إِلَى مَنْزِلِهِ ثُمَّ إِنَّ ٱلشَّيْخَ ٱمْتَحَنَ

بِمَحَبَّةِ ذٰلِكَ ٱلشَّابِّ وَقَوِيَ غَرامُهُ فِيهِ فَشَكَا لَهُ يَوْمًا حَالَهُ فَقَالَ لَهُ ٱلشَّابُّ مَا حِيلَتِي وَأَنَا لَا أَسْتَطِيعُ مُفَارَقَةَ أَخِي لَيْلًا وَنَهَارًا أَمَّا ٱلنَّهَارَ فَكَمَا تَرَى مُلَازِمًا لَنَا وَأَمَّا ٱللَّيْلَ فَإِنَّ سَرِيرِي مُقَابِلٌ لِسَرِيرِهِ فَقَالَ لَهُ ٱلشَّيْخُ إِنَّ مَنْزِلِي مُلَاصِقٌ لِدَارِكُمْ إِذَا غَمَضَتْ عَيْنُ أَخِيكَ وَأَخَذَهُ ٱلنَّوْمُ إِنْ تَقُومُ تَسْتَعْمِلُ مَآءً فَتَأْتِي إِلَى ٱلْحَآئِطِ وَأَنَا أَتَنَاوَلُكَ مِنْ وَرَآءِ ٱلْجِدَارِ فَتَجْلِسُ عِنْدِي لَحْظَةً ثُمَّ تَعُودُ مِنْ غَيْرِ أَنْ يَشْعُرَ أَخُوكَ بِشَيْءٍ فَقَالَ ٱلشَّابُّ سَمْعًا وَطَاعَةً وَتَوَاعَدَا عَلَى لَيْلَةٍ فَجَهَّزَ لَهُ ٱلشَّيْخُ مِنَ ٱلتُّحَفِ وَٱلطُّرَفِ مَا يَلِيقُ بِمَقَامِهِ وَأَمَّا ٱلشَّابُّ فَإِنَّهُ أَخَذَ مَضْجَعَهُ لِلنَّوْمِ وَأَظْهَرَ أَنَّهُ نَآئِمٌ فَلَمَّا نَامَ ٱلصَّاحِبُ بَدْرُ ٱلدِّينِ وَٱسْتَغْرَقَ وَأَمِنَ مِنَ ٱنْتِبَاهِهِ قَامَ ٱلشَّابُّ وَتَمَشَّى خَطَوَاتٍ وَفَتَحَ بَابًا تَوَصَّلَ مِنْهُ إِلَى ٱلْحَآئِطِ فَوَجَدَ شَيْخَهُ وَاقِفًا يَنْتَظِرُهُ فَتَنَاوَلَهُ وَصَارَ عِنْدَهُ فِي ٱلْمَنْزِلِ وَكَانَتْ لَيْلَةَ ٱلْبَدْرِ فَجَلَسَا وَتَنَادَمَا وَدَارَتْ بَيْنَهُمَا كَاسَاتُ ٱلشَّرَابِ مَمْزُوجَةً بِبَرْدِ ٱلرُّضَابِ وَٱنْتَشَى ٱلشَّيْخُ وَأَخَذَ فِي ٱلْغِنَآءِ وَقَدْ رَمَى ٱلْبَدْرُ جِرْمَهُ عَلَيْهِمَا وَهُمَا فِي مَقَامٍ يَجِلُّ عَنِ ٱلْوَصْفِ إِذِ ٱنْتَبَهَ

ٱلصَّاحِبُ بَدْرُ ٱلدِّينِ فَلَمْ يَجِدْ أَخَاهُ فَقَامَ فَزِعًا وَوَجَدَ
ٱلْبَابَ ٱلَّذِى ٱسْتَطْرَقَ مِنْهُ مَفْتُوحًا فَقَالَ مِنْ هُنَا
جَاءَ ٱلشَّرُّ فَدَخَلَ مِنْهُ وَصَعِدَ ٱلْحَائِطَ فَوَجَدَ نُورًا
سَاطِعًا مِنَ ٱلْبَيْتِ فَٱرْتَجَمَ إِلَى ٱلسَّطْحِ وَنَظَرَ مِنْ كُوَرِ
ٱلْقَاعَةِ فَرَآهُمَا عَلَى تِلْكَ ٱلْحَالَةِ وَٱلْكَأْسُ فِي يَدِ ٥
ٱلشَّيْخِ وَهُوَ يُنْشِدُ بِأَحْسَنِ صَوْتٍ (مِنَ ٱلْوَافِرِ)

سَقَانِى خَمْرَةً مِّن رِّيقٍ فِيهِ   وَحَيَّا بِٱلْعِذَارِ وَمَا يَلِيهِ

وَبَاتَ مُعَانِقِى خَدًّا بِخَدٍّ   غَزَالٌ فِى ٱلْأَنَامِ بِلَا شَبِيهِ

وَبَاتَ ٱلْبَدْرُ مُطَّلِعًا عَلَيْنَا   سَلُوهُ لَا يَنُمَّ عَلَى أَخِيهِ

فَكَانَ مِنْ لَطَافَةِ ٱلصَّاحِبِ بَدْرِ ٱلدِّينِ أَنْ قَالَ وَٱللَّهِ ١٠
لَا أَنُمَّ عَلَيْكُمَا وَتَرَكَهُمَا وَٱنْصَرَفَ ۞

(١٤)

وَيُحْكَى أَنَّ ٱلرَّشِيدَ حَصَلَ لَهُ قَلَقٌ فِي بَعْضِ ٱللَّيَالِي
فَوَقَعَ فِي نَفْسِهِ أَنْ يَفْتَحَ حُجَرَ ٱلْجَوَارِى وَيَتَفَرَّجَ فِيهِنَّ
ثُمَّ قَامَ إِلَى مَقْصُورَةٍ مِنْ بَعْضِ ٱلْمَقَاصِيرِ فَفَتَحَهَا فَوَقَعَ
نَظَرُهُ عَلَى جَارِيَةٍ حَسَنَةِ ٱلْوَجْهِ بَدِيعَةِ ٱلشَّكْلِ فَأَعْجَبَتْهُ ١٥
فَوَجَدَهَا نَائِمَةً مُغَطَّاةً بِشَعْرِهَا فَأَيْقَظَهَا فَلَمَّا ٱنْتَبَهَتْ
عَلِمَتْ أَنَّهُ ٱلرَّشِيدُ وَأَنْشَدَتْ (مِنَ ٱلرَّمَلِ)

يَا أَمِينَ ٱللّٰهِ ما هٰذَا ٱلْخَبَرْ
فَأَجَابَهَا مُسْرِعًا
هُوَ ضَيْفٌ طَارِقٌ فِى أَرْضِكُمْ
هَلْ تُضِيفِينَ إِلَى وَقْتِ ٱلسَّحَرْ
فَأَجَابَتْهُ مُسْرِعَةً
بِسُرُورٍ سَيِّدِى أَخْدُمُهُ إِنْ رَضِى بِى وَبِسَمْعِى وَٱلْبَصَرْ

فَنَامَ عِنْدَهَا تِلْكَ ٱللَّيْلَةَ فَلَمَّا أَصْبَحَ ٱلصَّبَاحُ قَالَ مَنْ بِٱلْبَابِ مِنَ ٱلشُّعَرَآءِ فَدَخَلَ أَبُو نُوَاسٍ فَقَالَ لَهُ ٱلرَّشِيدُ أَجِزْ* يَا أَمِينَ ٱللّٰهِ مَا هٰذَا ٱلْخَبَرْ* فَأَطْرَقَ أَبُو نُوَاسٍ سَاعَةً وَقَالَ

طَالَ لَيْلِى حِينَ وَافَانِى ٱلسَّهَرْ
فَتَفَكَّرْتُ فَأَحْسَنْتُ ٱلْفِكَرْ
قُمْتُ أَمْشِى فِى مَجَالِى سَاعَةً
ثُمَّ أَجْرِى فِى مَقَاصِيرِ ٱلْحُوَرْ
وإِذَا وَجْهٌ جَمِيلٌ حَسَنٌ
زَانَهُ ٱلرَّحْمٰنُ مِنْ بَيْنِ ٱلْبَشَرْ
فَلَمَسْتُ ٱلرِّجْلَ مِنْهَا مُوقِظًا
فَرَنَتْ نَحْوِى وَمَدَّتْ لِى ٱلْبَصَرْ

وَأَشَارَتْ وَهْىَ لِى قَائِلَةٌ يَا أَمِينَ ٱللّٰهِ مَا هٰذَا ٱلْخَبَرْ

قُلْتُ ضَيْفٌ طَارِقٌ فِى أَرْضِكُمْ
هَلْ تُضِيفِينَ إِلَى وَقْتِ ٱلسَّحَرْ
فَأَجَابَتْ بِسُرُورٍ سَيِّدِى
أَخْدُمُ ٱلضَّيْفَ بِسَمْعِى وَٱلْبَصَرْ

قَالَ فَنَظَرَ إِلَيْهِ أَمِيرُ ٱلْمُؤْمِنِينَ وَقَالَ لَهُ قَاتَلَكَ ٱللّٰهُ هَلْ كُنْتَ مَعَنَا قَالَ لَا وَحَيَاتِكَ يَا أَمِيرَ ٱلْمُؤْمِنِينَ وَمِنْ أَيْنَ لِى وُصُولٌ إِلَى ذٰلِكَ وَإِنَّمَا صَنْعَةُ ٱلشِّعْرِ أَلْجَأَتْنِى إِلَى ذٰلِكَ فَتَعَجَّبَ مِنْهُ وَأَحْسَنَ صِلَتَهُ ۝

(١٥)

حُكِىَ أَنَّ هِنْدَ بِنْتَ ٱلنُّعْمَانِ كَانَتْ أَحْسَنَ نِسَآءِ زَمَانِهَا فَوُصِفَ لِلْحَجَّاجِ حُسْنُهَا فَخَطَبَهَا وَبَذَلَ لَهَا مَالًا جَزِيلًا وَتَزَوَّجَ بِهَا وَشَرَطَ لَهَا عَلَيْهِ بَعْدَ ٱلصَّدَاقِ مِائَتَىْ أَلْفِ دِرْهَمٍ وَدَخَلَ بِهَا ثُمَّ إِنَّهَا ٱنْحَدَرَتْ مَعَهُ إِلَى بَلَدِ أَبِيهَا ٱلْمَعَرَّةِ وَكَانَتْ هِنْدُ فَصِيحَةً أَدِيبَةً فَأَقَامَ بِهَا ٱلْحَجَّاجُ بِٱلْمَعَرَّةِ مُدَّةً طَوِيلَةً ثُمَّ إِنَّهُ رَحَلَ بِهَا إِلَى ٱلْعِرَاقِ فَأَقَامَتْ مَعَهُ مَا شَآءَ ٱللّٰهُ ثُمَّ دَخَلَ

عَلَيْهَا فِي بَعْضِ ٱلْأَيَّامِ وَهِيَ تَنْظُرُ فِي ٱلْمِرْآةِ وَتَقُولُ

(مِنَ ٱلطَّوِيلِ)

وَمَا هِنْدُ إِلَّا مُهْرَةٌ عَرَبِيَّةٌ   سُلَالَةُ أَفْرَاسٍ تَحَلَّلَهَا بَغْلُ
فَإِنْ وَلَدَتْ فَحْلًا فَلِلّٰهِ دَرُّهَا   وَإِنْ وَلَدَتْ بَغْلًا فَجَآءَ بِهِ ٱلْبَغْلُ

فَلَمَّا سَمِعَ ٱلْحَجَّاجُ كَلَامَهَا ٱنْصَرَفَ رَاجِعًا وَلَمْ يَدْخُلْ عَلَيْهَا وَلَمْ تَكُنْ عَلِمَتْ بِهِ فَأَرَادَ ٱلْحَجَّاجُ طَلَاقَهَا فَأَنْفَذَ إِلَيْهَا عَبْدَ ٱللّٰهِ بْنَ طَاهِرٍ وَأَنْفَذَ لَهَا مَعَهُ مِائَتَيْ أَلْفِ دِرْهَمٍ وَهِيَ ٱلَّتِي كَانَتْ لَهَا عَلَيْهِ وَقَالَ يَا ٱبْنَ طَاهِرٍ طَلِّقْهَا بِكَلِمَتَيْنِ وَلَا تَزِدْ عَلَيْهِمَا فَدَخَلَ عَبْدُ ٱللّٰهِ بْنُ طَاهِرٍ عَلَيْهَا فَقَالَ لَهَا يَقُولُ لَكِ أَبُو مُحَمَّدٍ ٱلْحَجَّاجُ كُنْتِ فَبِنْتِ وَهٰذِهِ ٱلْمِائَتَا أَلْفِ دِرْهَمٍ ٱلَّتِي كَانَتْ لَكِ قِبَلَهُ فَقَالَتِ ٱعْلَمْ يَا ٱبْنَ طَاهِرٍ أَنَّا وَٱللّٰهِ كُنَّا فَمَا حَمِدْنَا وَبِنَّا فَمَا نَدِمْنَا وَهٰذِهِ ٱلْمِائَتَا أَلْفِ دِرْهَمٍ هِيَ لَكَ بِشَارَةٌ بِخَلَاصِي مِنْ كَلْبِ ثَقِيفٍ ثُمَّ بَعْدَ ذٰلِكَ بَلَغَ أَمِيرَ ٱلْمُؤْمِنِينَ عَبْدَ ٱلْمَلِكِ بْنَ مَرْوَانَ خَبَرُهَا وَوُصِفَ لَهُ جَمَالُهَا فَأَرْسَلَ إِلَيْهَا يَخْطُبُهَا لِنَفْسِهِ فَأَرْسَلَتْ إِلَيْهِ كِتَابًا تَقُولُ فِيهِ

بَعْدَ ٱلثَّنَآءِ عَلَيْهِ ٱعْلَمْ يَا أَمِيرَ ٱلْمُؤْمِنِينَ أَنَّ ٱلْكَلْبَ قَدْ وَلَغَ فِي ٱلْإِنَآءِ فَلَمَّا قَرَأَ عَبْدُ ٱلْمَلِكِ بْنُ مَرْوَانَ ٱلْكِتَابَ ضَحِكَ مِنْ قَوْلِهَا وَكَتَبَ إِلَيْهَا يَقُولُ إِذَا وَلَغَ ٱلْكَلْبُ فِي إِنَآءِ أَحَدِكُمْ فَلْيَغْسِلْهُ سَبْعًا إِحْدَاهُنَّ بِٱلتُّرَابِ فَغَسْلُ ٱلْإِنَآءِ يُحِلُّ ٱلْٱسْتِعْمَالَ فَلَمَّا قَرَأَتْ كِتَابَ أَمِيرِ ٱلْمُؤْمِنِينَ لَمْ يُمْكِنْهَا ٱلْمُخَالَفَةُ فَكَتَبَتْ إِلَيْهِ تَقُولُ بَعْدَ ٱلثَّنَآءِ عَلَيْهِ ٱعْلَمْ يَا أَمِيرَ ٱلْمُؤْمِنِينَ أَنِّي لَا أُجْرِي ٱلْعَقْدَ إِلَّا بِشَرْطٍ فَإِنْ قُلْتَ مَا ٱلشَّرْطُ أَقُولُ أَنْ يَقُودَ ٱلْحَجَّاجُ مَحْمِلِي مِنَ ٱلْمَعَرَّةِ إِلَى بَلَدِكَ ٱلَّتِي أَنْتَ فِيهَا وَيَكُونَ مَاشِيًا حَافِيًا بِحِلْيَتِهِ ٱلَّتِي كَانَ فِيهَا أَوَّلًا فَلَمَّا قَرَأَ ذٰلِكَ ٱلْكِتَابَ عَبْدُ ٱلْمَلِكِ ضَحِكَ ضَحِكًا شَدِيدًا وَأَرْسَلَ إِلَى ٱلْحَجَّاجِ يَأْمُرُهُ بِذٰلِكَ فَلَمَّا قَرَأَ ٱلْحَجَّاجُ رِسَالَةَ أَمِيرِ ٱلْمُؤْمِنِينَ أَجَابَ وَلَمْ يُخَالِفْ وَٱمْتَثَلَ ٱلْأَمْرَ وَأَرْسَلَ إِلَى هِنْدَ يَأْمُرُهَا بِٱلتَّجَهُّزِ فَتَجَهَّزَتْ وَسَارَ ٱلْحَجَّاجُ فِي مَوْكِبِهِ حَتَّى وَصَلَ ٱلْمَعَرَّةَ بَلَدَ هِنْدَ فَرَكِبَتْ هِنْدُ فِي مَحْمِلٍ وَرَكِبَ حَوْلَهَا جَوَارِيهَا وَخَدَمُهَا فَتَرَجَّلَ ٱلْحَجَّاجُ وَهُوَ حَافٍ وَأَخَذَ بِزِمَامِ ٱلْبَعِيرِ يَقُودُهُ وَيَسِيرُ بِهَا فَأَخَذَتْ هِنْدُ

تَهْزَأُ عَلَيْهِ وَتَضْحَكُ مَعَ ٱلْهَيْفَآءِ دَايَتِهَا ثُمَّ إِنَّهَا قَالَتْ لِدَايَتِهَا يَا دَايَتِي ٱكْشِفِي لِي سِتَارَةَ ٱلْمَحْمِلِ لِنَشَمَّ رَآئِحَةَ ٱلنَّسِيمِ فَكَشَفَتْهَا فَوَقَعَ وَجْهُهَا فِي وَجْهِهِ فَضَحِكَتْ عَلَيْهِ فَأَنْشَدَ يَقُولُ (مِنَ ٱلطَّوِيلِ)

فَإِنْ تَضْحَكِي يَا هِنْدُ يَا طُولَ لَيْلَةٍ
تَرَكْتُكِ فِيهَا كَٱلْقَبَآءِ ٱلْمُفَرَّجِ

فَأَجَابَتْهُ تَقُولُ (مِنَ ٱلْبَسِيطِ)

وَمَا نُبَالِي إِذَا أَرْوَاحُنَا سَلِمَتْ
بِمَا فَقَدْنَاهُ مِنْ مَّالٍ وَّمِنْ نَّشَبِ
فَٱلْمَالُ مُكْتَسَبٌ وَّٱلْعِزُّ مُرْتَجَعٌ
إِذَا ٱلنُّفُوسُ وَقَاهَا ٱللّٰهُ مِنْ عَطَبِ

وَلَمْ تَزَلْ تَلْعَبُ وَتَضْحَكُ إِلَى أَنْ قَرُبَتْ مِنْ بَلَدِ ٱلْخَلِيفَةِ فَلَمَّا قَرُبَتْ مِنَ ٱلْبَلَدِ رَمَتْ مِنْ يَدِهَا دِينَارًا عَلَى ٱلْأَرْضِ وَقَالَتْ يَا جَمَّالُ إِنَّهُ سَقَطَ مِنَّا دِرْهَمٌ فَٱدْفَعْهُ إِلَيْنَا فَنَظَرَ ٱلْحَجَّاجُ إِلَى ٱلْأَرْضِ فَلَمْ يَرَ إِلَّا دِينَارًا فَقَالَ إِنَّمَا هُوَ دِينَارٌ فَقَالَتْ بَلْ دِرْهَمٌ قَالَ بَلْ دِينَارٌ فَقَالَتِ ٱلْحَمْدُ لِلّٰهِ ٱلَّذِي سَقَطَ مِنَّا دِرْهَمٌ فَعَوَّضَنَا

ٱللَّهُ دِينَارًا فَخَجِلَ ٱلْحَجَّاجُ وَسَكَتَ وَلَمْ يَرُدَّ جَوَابًا ثُمَّ دَخَلَ بِهَا عَلَى عَبْدِ ٱلْمَلِكِ بْنِ مَرْوَانَ فَتَزَوَّجَ بِهَا وَكَانَ مِنْ أَمْرِهَا مَا كَانَ ۞

* (من كِتابِ الأَغانِيّ لِأَبِى الفَرَجِ الإِصْبهانِيّ) *

* (تَأَبَّطَ شَرًّا) *

هو ثابِتُ بنُ جابِرٍ الفَهْمِيُّ وتَأَبَّطَ شَرًّا لَقَبٌ لُقِبَ به ذكَر الرُواةُ أنّه كان رأَى كَبْشًا فى الصّحراء فاحتمله تَحْتَ إبْطِه فجعَل يَبُول عليهِ طُولَ طَرِيقِه فلمّا قرب مِن الحَىّ ثقُل عليه الكبشُ فلَمْ يُقِلَّه فرَمَى به فإذا هو الغُولُ فقال لَهُ قَوْمه ما تأَبَّطْتَ يا ثابتُ قال الغولَ قالُوا لَقَدْ تأبّطتَ شَرًّا فسُمِّيَ بذلك ، وقِيلَ بَلْ قالتْ له أُمُّه كُلُّ إخْوتِك يَأْتِينى بشَىْءٍ إذا راحَ غيْرك فقالَ لها سَآتِيكِ اللَّيْلَةَ بشىء ومضَى فصادَ أَفاعِيَ كثيرةً مِن أَكْبَرِ ما قدَر عليه فلمّا راحَ أَتَى بهِنّ فى جِراب متأبِّطًا به فأَلقاه بيْنَ يَدَيْها ففتحَتْه فتَساعَيْنَ فى بَيْتها فوثَبتْ وخرجت فقال لها نِساءُ الحَىّ ما ذا

أَتاكِ به ثابتٌ فقالت أَتاني بأَفاعٍ فى جراب وقُلْن وكَيْفَ حمَلها قالت تأَبَّطها قلن لقد تأبّط شرّا فلَزِمَه تأَبّط شرّا ، وقيل إنّ أُمّه قالت له فى زَمَنِ الكَمْأة أَلَا تَرَى غِلْمانَ الحىّ يَجْتَنُون لأَهْليهم الكمأةَ فيَروحون بها فقال أَعْطِينى جرابكِ حتّى أَجتنىَ لك فيه فأعطتْه فملأَه لها أَفاعِىَ ، وكان تأبّط شرّا أَعْدَى ذى رِجْلَيْنِ وذى ساقين وذى عَيْنين وكان إذا جاعَ لم تَقُمْ له قائمةٌ فكان يَنْظُر إلى الظِباء فيَنتقى على نَظَره أَسْمَنَها ثُمّ يجرى خَلْفَه فلا يَفوته حتّى يَأْخُذَه فيَذْبَحه بسَيْفه ثمّ يَشويه فيأكله وإنّما سُمّى تأبط شرا لأَنّه فيما حُكِىَ لنا لَقِىَ الغُولَ فى ليلةٍ ظَلْماءَ فى مَوْضِع يُقال له رَحَى بِطانٍ فى بِلاد هُذَيْلٍ فأَخَذت عليه الطَريقَ فلم يَزَلْ بها حتّى قتَلها وباتَ عليها فلمّا أَصْبَحَ حمَلها تحت إبْطه وجاءَ بها إلى أَصْحابه فقالوا له لقد تأبّطتَ شرّا ، وأَغارَ تأبط شرا ومَعَهُ ابنُ بَرّاقٍ الفَهْمىّ على بَجيلةَ فاطَّرَدَا لهم نَعَمًا ونَذِرت بهما بجيلةُ فخرجت فى آثارهما ومَضَيَا هارِبَيْنِ فى جِبال السَراة ورَكِبا الحَزْن وعارَضتهما بجيلةُ فى

السهْل فسبَقوهما إلى الوَهْط وهو ماء لعَمْرِو بن العاصِ بالطائف فدخَلوا لهما فى قَصَبة العَيْن وجآء وقد بلَغ العَطَشُ منهما إلى العين فلمّا وقَفا عليها قال تأبط شرا لِابن برّاق أَقِلّ من الشُرْب فإنّها ليلةُ طَرْد قال وما يُدْريك قال والّذى أَعْدُو بطَيْره إنّى لَأَسْمع وَجِيبَ قُلوب الرِجال تحت قَدَمىَّ وكان مِن أَسْمَعِ العَرَب وأَكْبَدِهم فقال له ابنُ برّاق ذلك وجيبُ قلبِك فقال له تأبط شرا وٱللّهِ ما وجَب قطُّ ولا كانَ وَجّابًا وضَرَب بيَدِه عليه وأَصاخَ نَحْوَ الأرض يَستمع فقال والّذى أعدو بطيره إنّى لأسمع وجيب قلوب الرجال فقال له ابنُ برّاق فأنا أَنْزِل قبلك فنزَل فبرك وشرب وكان آكَلَ القومِ عند بجيلة شَوْكةً فتركوه وهُمْ فى الظُلْمةِ ونزل ثابتٌ فلمّا توسَّط الماء وثَبوا عليه فأخذوه وأخرجوه من العين مكتوفًا وابنُ برّاق قَريبٌ منهم لا يَطْمَعون فيه لِما يَعْلَمون من عدْوه فقال لهم ثابت إنّه من أَصْلَفِ الناس وأَشَدِّهم عُجْبًا بعَدْوه وسأَقول له استأْسِرْ مَعِى فسيَدْعوه عُجْبُه بعَدْوه إلى أن يَعْدُو مِن بَيْنِ أَيْدِيكم وله ثلاثةُ

أَطْلاق أَوَّلُها كالرِيحِ الهابّة والثانِى كالفَرَس الجَواد والثالث يَكْبو فيه ويَعْثُر فإذا رَأَيْتم منه ذلك فخُذوه فإنّى أُحِبُّ أن يَصير فى أيديكم كما صرتُ إذْ خالَفنى قالوا فٱفْعَلْ فصاحَ به تأبط شرا أنت أَخى فى الشِدّة والرَخاء وقدْ وعدنى القومُ أن يَمُنّوا عليك وعلىَّ فاستأسِرْ وواسِنى بنَفْسك فى الشدّة كما كنتَ أَخى فى الرخاء فضحِك ابنُ برّاق وعلِم أنّه قدْ كادَهم وقال مَهْلًا يا ثابتُ أَيستأسر مَنْ عنْده هذا العَدْوُ ثمّ عَدَا فعدا أوّلَ طَلَقٍ مِثْلَ الريح كما وصَف لهم والثانِىَ كالفرس الجواد والثالثَ جعَل يكبو ويعثر ويَقَعُ على وجْهه فقال ثابت خذوه فعَدَوْا بأَجْمَعِهم فلمّا أن نفّسوا عنه شَيْئًا عَدا تأبط شرا فى كِتافه وعارَضَه ابنُ برّاق فقطَع كتافَه وأَفْلَتا جَميعًا ۞

* (قَيْس بن ذَرِيح) *

كان قَيْس بن ذَرِيحٍ الكِنانىُّ رَضيع الحُسَيْن بن عَلِىّ بن أَبى طالِبٍ رضِى اللهُ عنهما أَرْضَعَتْه أُمّ قَيْس وكان مَنْزِلُ قومه فى ظاهر المَدِينة وكان هو

وأبوه من حاضرة المدينة ، قالوا فمرّ قيس لبعض حاجته بخيام بَنِي كَعْب بن خُزاعة فوقف على خَيْمة منها والحيّ خُلوف والخيمة خيمة لُبْنَى بنت الحُباب الكَعْبيّة فاستسقى ماء فسقته وخرجت إليه به وكانت امرأةً مَديدةَ القامةِ شَهْلاء حُلْوةَ المَنْظَرِ والكلام فلمّا رآها وقعت في نفسه وشرِب الماء فقالت له أَتَنْزِلُ فتتبرّدُ عندنا قال نَعَمْ فنزل بهم وجاء أبوها فنحر له وأكرمه فانصرف قيس وفي قلبه من لُبْنَى حَرٌّ لا يَطْفأ فجعل يَنْطِق بالشِعْر فيها حتّى شاعَ ورُوِيَ ثمّ أتاها يومًا آخَرَ وقدِ اشتدّ وَجْدُه بها فسلّم فظهرت له وردّت سلامَه وتحفّت به فشكا إليها ما يَجِدُ بها وما يَلْقَى مِن حُبّها وشكت إليه مثلَ ذلك فأطالت. وعرَف كُلٌّ واحد منهما ما له عند صاحِبه فانصرف إلى أبيه وأعلمه حالَه وسأله أن يُزوّجه إيّاها، فأبى عليه وقال يا بُنَيَّ عليك بإحْدَى بَناتِ عمّك فهُنّ أَحَقُّ بك وكان ذريحٌ كثيرَ المال مُوسِرا فأحبّ أن لا يخرج ابنُه إلى غريبة. فانصرف قيس وقدْ ساءه ما خاطَبَه أبوه به

فأتى أُمَّه فشكا ذلك إليها واستعانَ بها على أبيه فلم يَجِدْ عندها ما يُحبّ، فأتى الحُسَيْنَ بن عَلىّ بن أبى طالب وابن أبى عَتيق فشكا إليهما ما به وما رَدَّ عليه أبوه فقال له الحسينُ أنا أَكْفيك، فمَشَى معه إلى أبى لبنى فلمّا بصُر به أَعْظَمَه ووثَب إليه وقال له يا ابنَ رسول الله ما جاء بك؟ أَلّا بعثتَ إلىَّ فأَتَيْتُك قال إنّ الذى جِئْتُ فيه يوجِب قَصْدَك، وقدْ جئتُك خاطبًا ابنتَك لبنى لقيس بن ذريح، فقال يا ابنَ رسول الله ما كُنّا لِنَعْصِىَ لك أَمْرًا وما بِنا عن الفَتَى رَغْبةٌ ولٰكنّ أَحَبَّ الأمرِ إلينا أن يَخطبَها ذريحٌ أبوه علينا وأن يكونَ ذلك عن أمره فإنّا نَخافُ إن لم يَسْعَ أبوه فى هذا أن يكون عارًا وسُبّةً علينا، فأتى الحسينُ رضِىَ اللهُ عنه ذريحًا وقومَه وهُمْ مجتمعون فقاموا إليه إعظامًا له وقالوا له مثلَ قَوْل الخُزاعيّين فقال لِذريح أقسمتُ عليك إلّا خطبتَ لبنى لابنك قيس قال السَمْعُ والطاعةُ لِأَمْرك فخرج معه فى وجوهٍ من قومه حتّى أَتَوْا لبنى فخطبها ذريحٌ على ابنه إلى أبيها فزوّجه إيّاها وزُفّتْ إليه بعد ذلك

فأقامت معه مُدّةً لا يُنْكِرُ أحَدٌ من صاحبه شيئًا وكان أبَرَّ الناس بأُمِّه فألْهَتْه لبنى وعُكوفُه عليها عن بعضِ ذلك فوجدت أُمُّه فى نفسها وقالت لقدْ شغلت هذه المَرْأةُ ابْنى عن بِرّى ولم ترَ للكلام فى ذلك مَوْضِعًا حتّى مرِض مَرَضًا شديدا فلمّا برأ من عِلّته قالت أُمُّه لأَبيه لقد خشِيتُ أن يَموتَ قيس وما يَتْرُكُ خَلَفًا وقدْ حُرِمَ الوَلَدُ من هذه المرأة وأنت ذو مالٍ فيَصيرُ مالُك إلى الكَلالة فزَوِّجْه بغَيْرِها لَعَلَّ اللهَ أن يرزُقَه ولدًا وأَلَحَّت عليه فى ذلك فأَمهل قيسا حتّى إذا اجتمع قومُه دَعاه فقال يا قيسُ إنّك اعتللتَ هذه العلّةَ فخِفْتُ عليك ولا ولدَ لك ولا لى سِواكَ وهذه المرأة لَيْسَت بولُود فتَزَوَّجْ إحدى بنات عمّك لعلّ الله أن يَهَب لك ولدا تَقَرّ به عَيْنُك وأَعْيُننا فقال قيس لَسْتُ متزوّجا غَيْرها أَبَدًا فقال له أبوه فإنّ فى مالى سَعةً فتَسَرّ بالإماء قال ولا أَسُوءها بشىء أبدا واللهِ قال أبوه فإنّى أُقْسِم عليك إلّا طلّقتها فأَبى فقال الموتُ واللهِ علىّ أسهلُ من ذلك ولكنّى أُخيِّرك خَصْلةً من ثلاث خِصال قال وما هى

قال تتزوّج أنت فلعلّ اللهَ أن يرزقك ولدا غيرى قال فما فِىَّ فَضْلة لذلك قال فدَعْنى أَرْتَحِلْ عنك بأَهْلى وأَصْنَعْ ما كنتَ صانِعا لو مِتُّ فى عِلّتى هذه قال ولا هذه قال فأَدَعُ لُبْنَى عندك وأَرتحل عنك فلعلّى أَسْلوها فإنّى ما أُحبّ بعدَ أن تكونَ نفسى طيّبةً أنّها فى خَيالى قال لا أَرْضَى أو تُطلّقها وحلف لا يَكُنّه سَقْف بيت أبدا حتّى يطلّق لبنى فكان يَخرج فيَقِف فى حَرّ الشمس ويَجِىء قيس فيَقِف إلى جانبه فيُظِلّه بِرداءه ويَصْلَى هو بحرّ الشمس حتّى يَفِىء الفَىْء فينصرف عنه ويدخل إلى لبنى فيعانِقها وتعانِقه ويَبْكى وتبكى معه وتقول له يا قيس لا تُطِعْ أَباك فتَهْلِكَ وتُهْلِكَنى فيَقولُ ما كنتُ لِأُطيعَ أحدًا فيكِ أبدا فيُقال إنّه مكُث كذلك سنةً وقيل إنّه أقام على ذلك أربعين يومًا ثمّ طلّقها وهذا ليس بصحيح ،

وقال بعضُهم أنّه سمِع قيسَ بن ذريح يقول لِزَيْد بن سُلَيْمان هجَرنى أَبواىَ فى لبنى عشرَ سِنين أستأذن عليهما فيَرُدّانى حتّى طلّقتُها ' قالوا فلمّا بانَتْ لبنى بطَلاقه إيّاها وفرغ من الكلام لم يَلْبَث حتّى استُطيرَ

عَقْلُه وذُهِب به ولَحِقَه مِثْلُ الجُنون وتذكّر لبنى وحالَها معه فأسِف وجعل يبكى ويَنْشِج أَحَرَّ نَشيج وبلغها الخبرُ فأرسلت إلى أبيها ليحتملها وقِيلَ بَلْ أقامت حتّى انْقَضَتْ عِدّتُها وقيسٌ يَدخل عليها فأقبل أبوها بهَوْدَج على ناقة وبإبِل تَحْمِلُ أثاثَها فلمّا رأى ذلك قيس أقبل على جارِيتها فقال وَيْحَكِ ما دَهاني فيكم فقالت لا تسألْنى وسَلْ لبنى فذهب ليُلِمّ بخِبائها فيسألها فمنعه قومُها فأقبلت عليه امرأةٌ من قومه فقالت له ما لك وَيْحَك تسأل كأنّك جاهِلٌ أو تتجاهل هذه لبنى ترتحل الليلةَ أو غدًا فسقط مَغْشيًّا عليه لا يَعقل ۞

❊ (عُرْوة بن حِزام العُذْرىّ) ❊

هو شاعرٌ إسْلامىّ أحدُ المتيَّمين الذين قتلهم الهوَى لا يُعْرَف له شِعْر إلّا فى عَفْراء بنت عمّه عِقال ابن مُهاصر وتشبيبِه بها، وكان من حديث عروة وعفراء أنّ حزامًا هلَك وترك ابنَه عروة صغيرًا فى حَجْر

عمّه عقال بن مهاصر وكانت عفراء تِرْبًا لعروة يَلعبان جميعًا ويكونان معًا حتّى تألّف كلُّ واحدٍ منهما صاحبَه إلْفا شديدا وكان عقال يقول لعروة لِما يَرى من إلْفهما أَبْشِرْ فإنّ عفراء أَمَتُك إن شاء الله فكانا كذلك حتّى لحقت عفراء بالنساء ولحِق عروة بالرجال فأتى عروةُ عمّةً له يقال لها هِنْدُ بنت مهاصر وقال لها فى بعض ما يقول يا عمّةُ إنّى لَمكلّمُكِ وإنّى منك لَمُسْتحٍ ولكن لم أفعل هذا حتّى ضِقْتُ ذَرْعًا بما أنا فيه فذهبت عمّتُه الى أخيها فقالت له يا أَخِى قد أتيتُك فى حاجة أُحِبُّ أن تُحْسِنَ فيها الرَدَّ فإنّ الله يأجرك لِصِلة رَحِمك فى ما أَسْأَلُك فقال لها قُولى فلَنْ تسألى حاجةً إلّا رددتُك بها قالت تُزَوِّجُ عروةَ ابنَ أَخيك بٱبنتك عفراء فقال ما عنه مَذْهَب ولا هو دُونَ رَجُل يُرْغَب فيه ولا بِنا عنه رَغْبة ولكنّه ليس بذى مال وليست عليه عَجلة فطابت نفسُ عروة وسكَن بعضَ السكون وكانت أُمّها سيّئة الرأى فيه تريد لٱبنتها ذا مال ووَفْر وكانت عُرْضَةَ ذلك كَمالا وجَمالا فلمّا تكاملت

سنّه وبلغ أَشُدَّه عرف أنّ رجلا من قومه ذا يَسار ومال كثير يخطبها فأتى عمّه فقال يا عمِّ قد عرفْت حقّى وقرابتى وإنّى ولدك وربَيتُ فى حجرك وقد بلغنى أنّ رجلا خطب عفراء فإن أَسعفتَهُ بطَلِبته قتلتَنى وسفكتَ دمى فأَنْشُدُك اللهَ ورَحِمى وحقّى فرَقّ له وقال له يا بُنَىِّ أنت مُعْدِم وحالُنا قريبة من حالك ولستُ مُخْرِجَها الى سِواك وأمّها قد أَبَتْ أن تزوِّجها إلّا بمهر غالٍ فاضطرب واسترزق اللهَ تعالى فجاء الى أمّها فألطفها وداراها فأبت أن تُجيبه إلّا بما تحتكمه من المهر وبعد أن يَسوق شَطرَه إليها فوعدها بذلك وعلم أنّه لا يَنفعه قرابة ولا غيرها إلّا المالُ الذى يَطلبونه فعمِل على قَصْد ابن عمّ له موسِرٍ كان مُقيما بالرّىّ فجاء إلى عمّه وامرأته فأخبرهما بعَزْمه فصوّباه ووعداه أن لا يُحْدثا حَدَثًا حتّى يَعود وصار فى ليلة رحيله الى عفراء فجلس عندها ليلةً هو وجوارى الحىّ يتحدّثون حتّى أصبحوا ثمّ ودّعها وودّع الحىّ وشَدَّ على راحلته وصحِبه فى طريقه فَتيانِ من بنى هُلَيْل بن عامر

كانا يألفانهِ وكان حَيّاهم متجاوِرَيْنِ وكان فى طُول سفَره ساهِيًا يكلّمانه فلا يَفهم فِكْرةً فى عفراء حتّى يُرَدّ القولُ عليه مِرارًا حتّى قدِم على ابن عمّه فلقِيه وعرّفه حالَه وما قدِم له فوصَله وكَساه وأعطاه مائة من الإبل فانصرف بها الى أهله وقد كان رجل من أهل الشأم من أنساب بنى أُمَيّة نزل فى حىّ عفراء فنحَر ووهَب وأطعم وكان ذا مال فرأى عفراء وكان منزله قريبا من منزلهم فأعجبته وخطبها الى أبيها فاعتذر إليه وقال قد سمّيتُها الى ابن اخٍ لى يَعْدِلها عندى وما إليها لغيره سَبيلٌ فقال له إنّى أُرغِّبك فى المهر قال لا حاجةَ لى بذلك فعدَل الى أمّها فوافق عندها قَبولًا لبَذْله ورَغْبةً فى ماله فأجابته ووعدته وجاءت الى عِقال فآذنته واستصحبته وقالت أىُّ خيرٍ فى عروة حتّى تَحبس ابنتى عليه وقد جاءها الغِنَى يَطرق عليها بابَها واللهِ ما تَدْرِى أعروةُ حَىٌّ أم مَيّت وهل ينقلب إليك بخير أم لا فتكون قد حرمتَ ابنتَك خيرًا حاضرا ورزقا سنيّا فلم تَزَلْ به حتّى قال لها فإنْ عاد لى خاطِبًا أجبتُه فوجّهَتْ

إليه أنْ عُدْ إليه خاطبا فلمّا كان من غدٍ نحر جُزُرًا عِدّةً وأطعم ووهب وجمع الحيَّ معه على طَعامه وفيهم ابو عفراء فلمّا طعِموا أعاد القول فى الخِطْبة فأجابه وزوَّجه وساقَ إليه المهر وحُوِّلَتْ إليه عفراء وقالت قبل أن يَدخل بها (من الكامل)

يا عُرْوَ إنّ الحيَّ قدْ نقَضوا
عَهْدَ الإلٰهِ وحاوَلوا الغَدْرَا

فى أبيات طويلة فلمّا كان الليلُ دخَل بها زَوْجُها وأقام فيهم ثلاثًا ثمّ ارتحل بها الى الشَّأم وعمَد أبوها الى قَبْرٍ عَتيق فجدّده وسَوّاه وسأل الحَيَّ كِتْمانَ أَمْرِها وقدِم عروةُ بعدَ أيّام فنعَاها أبوها اليه وذهب به الى ذلك القبر فمكُث يَختلف اليه أيّاما وهو مُضْنًى هالكٌ حتّى جاءته جارِيةٌ من الحيّ فأخبرته الخبرَ فتركهم وركِب بعضَ إبله وأخذ معه زادًا ونَفَقةً ورحل الى الشأم فقدِمها وسأل عن الرجل فأُخبر به ودُلّ عليه فقصَده وانتسب له فى عَدْنان فأكرمه وأحسن ضيافتَه فمكث أيّاما حتّى أَنِسوا به ثمّ قال لجارية لهم هل لك فى يد تُولينيها قالت نعم قال تَدفعين

خاتَمى هذا الى مَوْلاتكِ فقالت سَوْأَةً لك أما تَسْتَحِى لهذا القول فأمسك عنها ثمّ أعاد عليها وقال لها وَيْحَك هى واللّه بنتُ عمّى وما أَحَدٌ منّا إلّا وهو أَعَزّ على صاحبه من الناس فأطرحى هذا الخاتم فى صَحْنها فإن أنكرت عليك فقُولى لها اصطبح ضيفُك قبلك ولعلّه سقط منه فرَقّت الأَمَةُ وفعلت ما أَمَرَها به فلمّا شربت عفراء اللبن رأت الخاتم فعرفته فشهِقت ثمّ قالت اُصْدُقينى عن الخبر فصدقتها فلمّا جاء زوجُها قالت له أَتَدْرى مَن ضيفك هذا قال نعم فلان بن فلان للنسب الذى انتسبه له عروةُ فقالت كَلّا واللّهِ بل هو عروة بن حزام ابن عمّى وقد كتمك نفسَه حَياءً منك، ثمّ بعث اليه فدعاه وعاتبه على كتمانه نفسَه إيّاه وقال له بالرُحْب والسَعَةِ نشدتُك اللهَ إن رِمْتَ هذا المكانَ أَبَدًا وخرج وتركه مع عفراء يتحدّثان وأَوْصَى خادما له بالاستماع عليهما وإعادة ما تَسْمعه منهما عليه فلمّا خَلَوا تشاكيا ما وَجَدا بعد الفِراق فطالت الشَكْوَى وهو يبكى أحرّ بكاءٍ ثمّ أتته بشراب وسألته أن يشربه فقال والله

ما دخل جوفى حرامٌ قطّ ولا ارتكبتُه منذ كنتُ ولو استحللتُ حراما لَكُنْتُ قد استحللتُه منكِ فأنتِ حظّى من الدنيا وقد ذهبتِ منّى وذهبتُ بعدك فما أَعِيشُ وقد أَجْمَلَ هذا الرجلُ الكريم وأحسن وأنا مُسْتَحٍ منه ووالله لا أُقِيمُ بعد عِلْمِه مكانى وإنّى عالمٌ أنّى أرحل الى منيّتى فبكت وبكى وانصرف فلما جاء زوجُها أُخبرته الخادمُ بما دار بينهما فقال يا عفراء امنعى ابن عمّك من الخروج فقالت لا يمتنع هو واللهِ أَكْرَمُ وأشدُّ حياءً من أن يقيم بعد ما جرى بينكما فدعاه وقال له يا أخى اتّقِ الله فى نفسك فقد عرفتُ خبرك وأنّك إن رحلتَ تَلِفْتَ ووالله لا امنعك من الاجتماع معها أبدا ولَئِنْ شئت لأُفارقنّها ولأُنزلنّ عنها لك فجزاه خيرًا وأَثْنَى عليه وقال إنّما كان الطَمَعُ فيها آفتى والآن قد يئستُ وحملتُ نفسى على الصبر فإنّ اليأس يسلّى ولى أمورٌ ولا بُدَّ لى من رجوعى اليها فإن وجدتُ بى قوّة على ذلك والّا عُدْتُ اليكم وزُرْتُكم حتّى يَقْضِىَ اللهُ مِن أمرى ما يشاء فزوّدوه وأكرموه وشيّعوه فانصرف فلمّا رحل عنهم

نُكِس بعد صَلاحه وتماسُكه وأُصابه غُشْى وخَفَقان فكان كُلَّما أُغْمِىَ عليه أُلْقِىَ على وجهه خِمار لعفراء زوّدته إيّاه فيُفيق فلم يَزَلْ فى طريقه حتّى مات قبل أن يَصِلَ الى حيّه بثلاث ليالٍ وبلغ عفراء خبرُ وفاته فجزِعت جزعا شديدا ولم تزل تَنْدُبه حتّى ماتت بعد أيّام قلائل بعده ❊

❊(من كتاب سِيرة النَبِىّ صلّى اللّهُ عليه وسلّم لابن هِشام)❊

❊(حَمْل آمِنَةَ برَسُولِ الله صلّعم وولادته)❊

قال ابن إسْحاق ثمّ انصرف عبد المُطَّلِب آخِذًا بيَد عبد الله فمرّ به فيما يزعمون على امرأة من بنى أَسد بن عبد العُزَّى وهى أُخْت وَرَقة بن نَوْفَل ابن أسد بن عبد العُزَّى وهى عند الكَعْبة فقالت له حين نظرت الى وجهه أين تَذهب يا عبد الله قال مع أَبى قالت لك مِثْلُ الإبل التى نُحرت عنك

وَقَعْ علىَّ الآنَ قال أنا مع أَبى ولا أَستطيع خِلافَه ولا فِراقَه فخرج به عبد المطّلب حتّى أَتى به وَهْبَ ابن عبد مَناف بن زُهْرة وهو يَوْمَئذٍ سيّدُ بنى زُهْرة سِنًّا وشَرَفًا فزوَّجه ابنتَه آمِنةَ بنت وهب وهى يومئذ أَفضلُ امرأة فى قُرَيْش نسبًا وموضعًا هى لِبَرّة بنت عبد العزّى بن عُثْمان بن عبد الدار فزعموا أنّه دخل عليها حين أُمْلِكَها مكانَه فوقَع عليها فحمَلت برَسُول الله صلعم ثمّ خرج من عندِها فأتى المرأةَ التى عرَضتْ عليه ما عرضتْ فقال لها ما لك لا تَعرضين علىَّ اليومَ ما كنتِ عرضتِ على بالأَمْس قالت له فارقك النورُ الذى كان معك بالأمس فليس لى بك اليوم حاجةٌ وقد كانت تَسمع من أَخيها ورقة بن نوفل وكان قد تنصّر واتّبع الكُتُبَ أنّه كائنٌ فى هذه الأُمّة نبىٌّ ، ويزعمون فيما يتحدّث الناسُ واللهُ أَعْلَمُ أنّ آمنة بنت وهب أُمَّ رسول الله صلعم كانت تحدِّث أنّها أُتِيَتْ حين حملت برسول الله صلعم فقيل لها إنّكِ قد حملت بسيّد هذه الأُمّة فإذا وقع الى الارض فقولى * أُعِيذُهُ بالواحدْ * مِن شَرِّ كُلّ حاسدْ * ثمّ

سَمِّيه مُحَمَّدًا ، ورأتْ حين حملت به انّه خرج منها نورٌ رأت به قصور بُصْرَى من أرض الشأم ثمّ لم يلبث عبدُ الله بن عبد المطلب أبو رسول الله صلّعم أن هلك وامُّ رسول الله صلّعم حاملٌ به ، قال ابن اسحاق ووُلد رسول الله صلّعم يوم الاثنين لِثِنْتى عشرة ليلة مضت من شهر رَبيعِ الأوّل عام الفيل۞

(مَبْعَث النبىّ صلّعم)

قال ابن اسحاق فلمّا بلغ محمّدٌ رسول الله صلّعم أربعين سنة بعثه اللهُ رحمةً للعالمين وكافّةً للناس بَشيرا وكان الله قد أخذ له الميثاقَ على كلّ نبىّ بعثه قبله بالإيمان به والتصديق له والنصر له على مَن خالفه وأخذ عليهم أن يُؤدّوا ذلك الى كلّ من آمَنَ بهم وصدّقهم فأدّوْا من ذلك ما كان عليهم الحقّ فيه يقول الله لمحمّد صلّعم[1] وإذ أخذ اللهُ ميثاق النبيّين لَمَا آتَيْتُكم من كتاب وحكمة ثمّ جاءكم رسولٌ مصدِّق لِما معكم لَتُؤمِنُنّ به ولَتَنْصُرُنّه قال أأقررتم وأخذتم على ذٰلِكُم إصْرِى أى

١ القران ٣ : ٧٥

ثَقُلَ ما حمّلتُكم من عَهْدى قالوا أقررنا قال فاشهدوا وأنا معكم من الشاهدين فأخذ الله ميثاقَ النبيّين جميعا بالتصديق له والنصر له على من خالفه وأدّوا ذلك الى من آمن بهم وصدّقهم من أهل هذَيْن الكتابين، قال ابن اسحاق فذكر الزُهْرىّ عن عُرْوة ابن الزُبَيْر عن عائشة أنّها حدّثتْه أنّ أوّل ما ابتُدئ به رسولُ الله صلّعم من النُبُوّة حين أراد اللهُ كرامتَه ورحمةَ العِباد به الرُؤْيَا الصادقة لا يُرَى رسولُ الله صلّعم رُؤْيَا فى منامه إلّا جاءت كفَلَق الصبح. قالت وحبَّب الله اليه الخَلْوة فلم يك شىء أحبَّ اليه من أن يَخْلُوَ وحده، قال ابن اسحاق حدّثنى عبدُ المَلِك بن عبد الله بن أبى سُفْيان بن العَلاء بن جارِية الثَقَفىّ وكان واعيةً عن بعض أهل العلم أنّ رسول الله صلّعم حين أراده الله بكرامته وابتدأه بالنبوّة كان اذا خرج لحاجته أَبْعَدَ حتّى تَحْسُرَ عنه البيوتُ ويُفضى الى شعاب مكّة وبطون أوديتها فلا يمرّ رسول الله صلّعم بحَجَر ولا شجر إلّا قال السلامُ عليك يا رسول الله قال فيلتفت رسول الله صلّعم

حوله عن يمينه وعن شماله وخلفه فلا يرى الّا الشجر والحجارة فمكث رسول الله صلّعم كذلك يرى ويسمع ما شاء الله أن يَمكثَ ثمّ جاءه جِبْرِيلُ بما جاءه من كرامة الله وهو بحِراء فى شهر رمضان ،

قال ابن اسحاق " وحدّثنى وَهْب بن كَيْسان مولى آل الزُبير قال سمعتُ عبد الله بن الزبير وهو يقول لعُبَيْد بن عُمَيْر بن قَتادة اللَيْثيّ حدّثنا يا عبيد كيف كان بدء ما ابتُدِئ به رسول الله صلّعم من النبوّة حين جاءه جبريل قال فقال عُبيدٌ وأنا حاضرٌ يحدّث عبدَ الله بن الزبير ومَن عنده من الناس كان رسول الله صلّعم يجاوِر فى حِراء من كلّ سنة شهرًا وكان ذلك ممّا تحنّثُ به قُرَيْشٌ فى الجاهليّة والتحنّث التبرّر فكان رسول الله صلّعم يجاور ذلك الشهرَ من كلّ سنة يُطعم من جاءه من المساكين فاذا قضى رسولُ الله صلّعم جِوارَه من شهره ذلك كان أوّلَ ما يَبدأ به اذا انصرف من جواره الكعبةُ قبل أن يدخل بيتَه فيطوفُ بها سبعًا أو ما شاء الله من ذلك ثمّ يرجع الى بيته حتى اذا كان الشهرُ الذى أراد الله

به فيه ما أراد من كرامته من السنة التى بعثه فيها وذلك الشهرُ شهر رمضان خرج رسول الله صلعم الى حراء كما كان يخرج لِجواره ومعه أهله حتى اذا كانت الليلة التى أكرمه اللهُ فيها برِسالته ورحِم العبادَ بها جاءه جبريلُ بأمر الله/ قال رسول الله صلعم فجاءنى وأنا نائمٌ بنَمَط من ديباج فيه كتابٌ فقال اقرأْ قال قلت ما أَقْرَأُ قال فغَتَّنى به حتى ظننتُ أنّه الموت ثم أرسلنى فقال اقرأْ قال قلت ما أَقرأُ قال فغتّنى به حتى ظننت أنّه الموت ثمّ أرسلنى فقال اقرأْ قال قلتُ ما ذا أَقرأُ ما أقول ذلك إلّا افتداءً منه أن يَعودَ لى بمثل ما صنع بى فقال[1] اقرأْ بٱسم رَبّك الذى خَلَقَ، خَلَقَ الإنسانَ مِن عَلَق اقرأْ وربُّك الأكرمُ الذى علَّم بالقَلَم علَّم الإنسانَ ما لم يَعلم قال فقرأْتُها ثمّ انتهى فانصرف عنّى وهببتُ من نَوْمى فكأنّما كُتبت فى قلبى كتابًا قال فخرجتُ حتى اذا كنت فى وَسَط من الجبل سمعتُ صوتًا من السماء يقول يا محمّد أنت رسول

---

١ القران ٩٦ :١—٥

الله وأنا جبريل قال فرفعت رأسى الى السماء أنظر فاذا جبريل فى صورة رجل صافٍّ قدمَيْه فى أُفُق السماء يقول يا محمّد انت رسول الله وأنا جبريل فوقفتُ أنظر اليه فما أتقدّم وما أتأخّر وجعلتُ أصرف وَجْهى عنه فى آفاق السماء فلا أنظر فى ناحية منها إلّا رأيتُه كذلك فما زلتُ واقفًا ما أتقدّم أمامى وما أرجع وراءى حتى بعثت خَدِيجةُ رسلها فى طلبى فبلغوا أَعْلَى مكّة ورجعوا اليها وأنا واقف فى مكانى ذلك ثم انصرف عنّى وانصرفتُ عنه راجعا الى أهلى حتى أتيتُ خديجةَ فجلستُ الى فَخِذها مُضيفًا اليها فقالت يا أبا القاسِم أين كنت فوالله قد بعثتُ رسلى فى طلبك حتى بلغوا أعلى مكّة ورجعوا الىّ ثم حدّثتُها بالذى رأيت فقالت أَبْشِرْ يَابْنَ عَمِّ واثبُتْ فوالذى نفسُ خديجة بيَدِه إنّى لَأَرجو أن تكون نبىّ هذه الأُمّة ثم قامت فجمعتْ عليها ثيابها ثم انطلقتْ الى ورقة بن نوفل وهو ابن عمّها وكان ورقة قد تنصّر وقرأ الكُتُب وسمع من أهل التَّوْراة والإنْجِيل فأخبرتْه بما أخبرها

رسول الله صلعم أنّه رأى وسمع فقال ورقة قُدُّوسٌ قُدُّوسٌ والذى نفسُ ورقة بيَده لَئنْ كُنْتِ صدقتينى يا خديجة لقد جاءه الناموسُ الأكبر الذى كان يأتى مُوسَى وإنّه لنبىّ هذه الأمّة فقولى له فَلْيَثبتْ

(أَمْر العَقَبة الأُولى)

فلمّا قدم الخَزْرَجيّون الستّة الذين آمنوا المدينةَ الى قومهم ذكروا لهم رسول الله صلعم ودعوهم الى الإسلام حتى فشا فيهم فلم تَبْقَ دار مِن دور الأنصار الّا وفيها ذكرٌ من رسول الله صلعم حتى اذا كان العامُ المقبل وَافَى الموسمَ من الأنصار اثنا عشر رجلا فلَقُوه بالعَقَبة وهى العقبة الأُولى فبايعوا رسول الله صلعم على بَيْعة النساء وذلك قبل أن تُفترض عليهم الحرب، قال ابن اسحاق وحدّثنى يزيد بن ابى حَبيب عن مَرْثَد ابن عبد الله اليَزَنىّ عن عبد الرحمن بن عُسَيْلة الصُنَابِحىّ عن عُبادة بن الصامت قال كنتُ فيمن حضر العقبة الأُولى وكنّا اثنى عشر رجلا فبايعنا رسولَ الله صلعم على بيعة النساء وذلك قبل أن

تفترض الحرب على أن لا نُشرك بالله شيـًا ولا نسرق ولا نزنى ولا نقتل أولادنا ولا نأتى ببُهْتان نفتريه بين أيدينا وأرجلنا ولا نعصيه فى معروف فإن وفيتُمْ فلكم الجنّةُ وإن غشيتم من ذلك شيـًا فأَمْركم الى الله ان شاء عذّب وان شاء غفر ' قال ابن اسحاق فلمّا انصرف عنه القوم بعث رسول الله صلّعم معهم مُصْعَبَ بن عُمير بن هاشم وأمره أن يُقرئهم القرانَ ويعلّمهم الاسلام ويفقّههم فى الدين فكان يسمَّى المُقْرِئَ بالمدينة مصعب وكان منزَله على أَسْعَد بن زُرارة ' فحدثنى عاصم بن عُمَر بن قَتادة أنه كان يصلّى بهم وذلك أن الأَوْس والخزرج كرِه بعضُهم أن يَؤُمّه بعضٌ ◎

* (أمر العقبة الثانية) *

قال ابن اسحاق ثم إنّ مصعب بن عمير رجع الى مكة وخرج من خرج من الانصار من المسلمين الى الموسم مع حُجّاج قومهم من اهل الشِرْك حتى قدموا مكة فواعدوا رسول الله صلّعم العقبةَ من أَوْسَط أَيّامِ التشريق حين اراد الله بهم

ما اراد من كرامته والنصر لنبيّه وإعزاز الإسلام واهله وإذلال الشِرْك واهله ' قال ابن اسحاق حدثنى مَعْبَد بن كَعْب بن مالك أخو بنى سَلِمة ان أخاه عبد الله بن كعب حدثه ان أباه كعب بن مالك حدثه قال كعب ثم خرجنا الى الحَجّ وواعدْنا رسول الله صلّعم العقبة من أوسط ايّام التشريق قال فلمّا فرغنا من الحجّ وكانت الليلة التى واعدْنا رسول الله صلّعم لها ومعنا عبدُ الله بن عمرو ابن حَرام ابو جابر سيّد من ساداتنا أخذناه معنا وكنّا نكتم مَنْ معنا من قومنا من المُشْرِكين أَمْرَنا فكلّمناه وقلنا له يا أَبا جابر انّك سيّد من ساداتنا وشريف من أشرافنا وانّا نرغب بك عمّا أنت فيه أَن تكون حطبا للنار غدًا ثم دعوناه الى الاسلام واخبرناه بميعاد رسول الله صلّعم ايّانا العقبة قال فأسلم وشهد معنا العقبة وكان نقيبًا ' قال فنِمنا تلك الليلة مع قومنا فى رحالنا حتى اذا مضى ثُلُث الليل خرجنا من رحالنا لميعاد رسول الله صلّعم نتسلّل تسلّل القطا مستخفين حتى اجتمعنا

فى الشعب عند العقبة ونحن ثلاثة وسبعون رجلا ومعنا امراتان من نساءنا، نَسيبة بنت كعب، أُمّ عُمارة احدى نساء بنى مازن بن النّجّار، وأَسْماء بنت عمرو ابن عَدىّ بن نابِى احدى نساء بنى سَلِمة وهى أُمّ مَنيع قال فاجتمعنا فى الشعب ننتظر رسول الله حتى جاءنا ومعه عمّه العَبّاس بن عبد المطّلب وهو يومئذ على دِين قومه إلّا أنه احبّ ان يَحضر امرَ ابن اخيه ويتوثّق له فلمّا جلس كان اوّلَ متكلّم العبّاسُ بن عبد المطلب فقال يا معشر الخَزْرَج قال، وكانت العرب انّما يسمّون هذا الحىّ من الانصار الخزرجَ خزرجَها وأَوْسَها إن محمّدا منّا حيث قد علمتم وقد منعْناه من قومنا ممّن هو على مثل رأينا فيه فهو فى عِزّ من قومه ومَنَعةٍ فى بلده وانه قد أبى إلّا الانحيازَ اليكم واللحوق بكم فان كنتم تَرون انكم وافون له فيما دعوتموه اليه ومانِعوه ممّن خالفه فانتم وما تحمّلتم من ذلك وان كنتم ترون انكم مُسْلِموه وخاذلوه بعد الخروج به اليكم فمن الآنَ فدَعُوه فانه فى عزّ ومنعة من قومه

وبلده قال فقلنا له قد سمعنا ما قلت فتكلّم يا رسول الله فخُذْ لنفسك ولربّك ما احببتَ قال فتكلّمَ رسول الله صلّعم فتَلَا القران ودعا الى الله ورغّب فى الاسلام ثم قال أُبايعكم على ان تمنعونى ممّا تمنعون منه نساءكم وابناءكم قال فأخذ البَراء بن معرور بيده ثم قال نَعَمْ والذى بعثك بالحق نبيّا لَنمنعنّك ممّا نمنع منه أُزُرَنا فبايِعْنا يا رسول الله فنحن والله ابناء الحروب واهل الحَلْقة ورثناها كابرا عن كابر قال فاعترض القولَ والبراء يكلّم رسولَ الله صلّعم ابو الهَيْثَم بن التَيِّهان فقال يا رسول الله انّ بيننا وبين الرجال حِبالا وانّا قاطعوها يَعْنى اليهود فهل عَسَيْتَ إن نَحْنُ فعلنا ذلك ثم اظهرك اللهُ أن ترجعَ الى قومك وتَدَعَنا قال فتبسّم رسول الله صلّعم ثم قال بل الدمُ الدمُ والهَدْمُ الهَدْمُ انتم منّى وانا منكم أُحارب من حاربتم وأُسالم من سالمتم ، قال ابن هِشام ويقال الهَدَمُ الهَدَمُ يعنى الحُرْمَةَ أى دمى دمكم وحُرمتى حرمتكم ، قال كَعْب بن مالك وقد كان قال رسول الله صلّعم أَخْرِجوا الىّ

منكم اثنى عشر نقيبا يكونون على قومهم بما فيهم فاخرجوا منهم اثنى عشر نقيبا تسعةً من الخزرج وثلاثة من الأوس ، قال ابن اسحاق وكانت بيعةُ الحرب حين أذن الله لرسوله صلعم فى القتال شُروطا سِوى شَرْطه عليهم فى العقبة الاولى (كانت الاولى على بيعة النساء) وذلك أنّ الله عزّ وجلّ لم يكن اذن لرسوله صلعم فى الحرب فلمّا اذن له فيها وبايعهم رسول الله صلعم فى العقبة الأخيرة على حرب الأسود والأحمر اخذ لنفسه واشترط على القوم لربّه وجعل لهم على الوفاء بذلك الجنّةَ ، فحدثنى عُبادة بن الوَليد بن عبادة بن الصامت عن ابيه الوليد عن جدّه عبادة بن الصامت وكان احد النقباء قال بايعْنا رسولَ الله صلعم بيعةَ الحرب وكان عبادة من الاثنى عشر الذين بايعوه فى العقبة الاولى على بيعة النساء على السمع والطاعة فى عُسْرنا ويُسْرنا ومَنْشَطنا ومَكْرَهنا وأَثَرةٍ علينا وأن لا ننازِع الامرَ اهلَه وأن نقول بالحقّ أينما كنّا لا نخافُ فى الله لومةَ لائم ۞

(هِجْرة رسول الله صلّعم الى المدينة)

واقام رسول الله صلّعم بمكّة بعد أصحابه من المهاجِرين ينتظر ان يُؤْذَن له فى الهجرة ولم يتخلف معه بمكة احد من المهاجرين الّا من حُبس او فُتن الّا علىٌّ بن ابى طالب وابو بكر بن ابى قُحافة الصِدِّيق رضوان الله عليهما وكان ابو بكر كثيرًا ما يستأذن رسول الله صلّعم فى الهجرة فيقول له رسول الله صلّعم لا تَعْجَل لعلّ الله يجعل لك صاحبا فيطمع ابو بكر ان يكونه ، قال ابن اسحاق فلما رأت قريش ان رسول الله صلّعم قد صارت له شيعة واصحاب من غيرهم بغير بلدهم ورأوا خروج اصحابه من المهاجرين اليهم عرفوا انهم قد نزلوا دارًا واصابوا منهم مَنَْعة فحذروا خروج رسول الله صلّعم اليهم وعرفوا انه قد اجمع لحربهم فاجتمعوا له فى دار النَدْوة وهى دار قُصَىّ بن كِلاب التى كانت قريش لا تَقضى امرًا الا فيها يتشاورون فيها ما يصنعون فى امر رسول الله صلّعم حين خافوه ، قال ابن اسحاق فحدثنى من لا أتّهم من

اصحابنا عن عبد الله بن ابى نَجيح عن مُجاهِد بن جُبير ابى الحَجّاج عن عبد الله بن عَبّاس وغيرُه ممن لا اتّهم عن عبد الله بن عباس قال لمّا اجمعوا لذلك واتّعدوا ان يدخلوا دار الندوة ليتشاوروا فيها فى امر رسول الله صلّعم غَدَوْا فى اليوم الذى اتّعدوا له وكان ذلك اليوم يسمّى يوم الزَحْمة فاعترضهم ابليسُ فى هيئة شيخ جُليل عليه بَتّةٌ له فوقف على باب الدار فلما رأوه واقفا على بابها قالوا مَن الشيخ قال شيخ من اهل نَجْد سمع بالذى اتّعدتم له فحضر معكم ليسمع ما تقولون وعسى ان لا يُعدمكم منه رأيًا ونُصْحًا قالوا أَجَلْ فٱدخل فدخل معهم وقد اجتمع فيها اشراف قريش فقال بعضهم لبعض ان هذا الرجل قد كان من امره ما قد رأيتم وإنّا والله ما نأمنه على الوثوب علينا بمن قد اتّبعه من غيرنا فأَجْمِعوا فيه رأيا قال فتشاوروا ثم قال قائل منهم ٱحبسوه فى الحديد وأغلقوا عليه بابًا ثم تربّصوا به ما اصاب اشباهَه من الشعراء الذين كانوا قبله زُهَيْرا والنابغةَ ومن

مضى منهم من هذا الموت حتى يصيبه ما اصابهم فقال الشيخ النَّجْدىّ لا والله ما هذا لكم برأى والله لئن حبستموه كما تقولون ليخرجنّ امرُه من وراء الباب الذى اغلقتم دونه الى اصحابه فلَأَوشكوا ان يثبوا عليكم فينتزعوه من أيديكم ثم يكاثِروكم به حتى يغلبوكم على امركم ما هذا لكم برأى فانظروا فى غيره فتشاوروا ثم قال قائل منهم نخرجه من بين اظهُرنا فنَنفيه من بلادنا فاذا خرج عنّا فوالله ما نُبالى اين ذهب ولا حيث وقع اذا غاب عنا وفرغنا منه فأصلحنا امرنا وأُلْفتَنا كما كانت فقال الشيخ النجدىّ لا والله ما هذا لكم برأى أَلَمْ تروا حسنَ حديثِه وحلاوةَ منطقه وغلبتَه على قلوب الرجال بما يأتى به والله لو فعلتم ذلك ما أَمِنْتُ ان يحُلّ على حىّ من العرب فيغلبَ عليهم بذلك من قوله وحديثه حتى يتابعوه عليه ثم يسيرَ بهم اليكم حتى يَطَأكم بهم فيأخذَ امركم من ايديكم ثم يفعلَ بكم ما اراد أَديروا فيه رأيا غير هذا قال فقال ابو جَهْل بن هِشام والله إنّ لى فيه لرأيا

ما أَراكم وتعتم عليه بعدُ قالوا وما هو يأبا الحَكَم قال أَرى ان ناخذ من كلّ قبيلة فتى شابّا جليدا نسيبا وسيطا فينا ثم نعطى كلّ فتى منهم سيفا صارما ثم يعمدوا اليه فيضربوه بها ضَرْبة رجل واحد فيقتلوه فنستريحَ منه فانهم اذا فعلوا ذلك تفرّق دمُه فى القبائل جميعا فلم يقدر بنو عبد مَناف على حرب قومهم جميعا فرضوا منّا بالعقل فعقلْناه لهم قال فقال الشيخ النجدىّ القول ما قال الرجل هذا الرأىُ الذى لا رأْىَ غيرُه فتفرّق القوم على ذلك وهم مجمِعون له ، قال فأتى جبريلُ رسولَ الله صلّعم فقال لا تَبِتْ هذه الليلةَ على فراشك الذى كنتَ تبيت عليه قال فلما كانت عَتَمة من الليل اجتمعوا على بابه يرصدونه متى ينام فيثبون عليه فلما راى رسول الله صلّعم مكانهم قال لعلىّ ابن ابى طالب رضوان الله عليه نَم على فراشى وتسجّ بُرْدى هذا الحضرمىّ الاخضر فنم فيه فانه لن يخلص اليك شىء تكرهه منهم وكان رسول الله صلّعم ينام فى برده ذلك اذا نام ، قال ابن اسحاق

فحدثنى يَزيد بن زِياد عن محمد بن كَعْب القُرَظىّ قال لما اجتمعوا له وفيهم ابو جَهْل بن هِشام فقال وهم على بابه ان محمّدا يزعم انكم ان تابعتموه على امره كنتم ملوك العَرَب والعَجَم ثم بُعثتم مِن بعد موتكم فجُعلت لكم جنانٌ كجنان الأُرْدُنّ وان لم تفعلوا كان له فيكم ذبحٌ ثم بُعثتم من بعد موتكم فجُعلت لكم نارٌ تحرقون فيها ، قال وخرج رسول الله صلّعم عليهم فأخذ حَفْنة مِنْ تُراب فى يده ثم قال نعم انا اقول ذلك انت احدهم واخذ الله على أبصارهم عنه فلا يرونه فجعل ينثر ذلك التراب على رؤسهم وهو يَتْلو هذه الآيات من يسٓ[1] يسٓ والقرانِ الحكيم انك لَمِنْ المرسَلين على صِراط مستقيم الى قوله وجعلْنا مِن بين ايديهم سُدًّا ومِن خلفهم سدّا فأغشيناهم فهم لا يُبْصِرون حتى فرغ رسول الله صلّعم من هولاء الايات ولم يبق منهم رجل الّا وقد وضع على راسه ترابا ثم انصرف الى حيث اراد أن يذهب ، فأتاهم آتٍ ممّن لم يكن

[1] القران ٣٦ : ١—٨

معهم فقال ما تنتظرون هاهنا قالوا محمدا قال خيّبكم اللهُ قد والله خرج عليكم محمد ثم ما ترك منكم رجلا الا وقد وضع على راسه ترابا وانطلق لحاجته أَفَما ترون ما بكم قال فوضع كلّ رجل منهم يده على راسه فاذا عليه تراب ثم جعلوا يطّلعون فيَرون عليّا على الفراش متسجّيا برد رسول الله صلّعم فيقولون والله ان هذا لَمحمد نائما عليه بردُه فلم يبرحوا كذلك حتى اصبحوا فقام علىّ عن الفراش فقالوا والله لقد كان صدقَنا الذى حدّثنا ۞

* (نُبْذة من الخبر عن غَزْوة بَدْرٍ الكُبْرَى) *

قالَ ابن اسحاق ثم تزاحف الناسُ ودنا بعضهم من بعض وقد امر رسول الله صلّعم اصحابه ان لا يحملوا حتى يامرهم وقال ان اكتنفكم القوم فانضحوهم عنكم بالنَبل ورسول الله صلّعم فى العريش معه ابو بكر الصِدّيق وكانت وَقْعة بَدْر يومَ الجمعة صبيحةَ سبع عشرة من شهر رمضان ، قال ابن اسحاق كما

حدثنى ابو جَعْفَر محمد بن علىّ بن الحُسين ، وقال ابن اسحاق وحدثنى حَبّان بن واسع بن حَبّانَ عن اشياخ من قومه ان رسول الله صلّعم عدّل صفوف اصحابه يوم بدر وفى يده قِدْح يعدِّل به القوم فمرّ بسَواد بن غَزِيّة حليف بنى عَدىّ بن النَجّار * قال ابن هشام ويقال سَوّاد بن غَزِيّة * وهو مستنتِل من الصفّ * قال ابن هشام ويقال مستنصِل من الصفّ * فطعَن فى بطنه بالقدح وقال آستوِ يا سواد فقال يا رسول الله أوجعتنى وقد بعثك الله بالحقّ والعدل فأَقِدْنى قال فكشف رسول الله صلّعم عن بطنه وقال استقدْ قال فاعتنقه فقبّل بطنه فقال ما حملك على هذا يا سواد قال يا رسول الله حضر ما ترى فأردتُ ان يكون آخرَ العهد بك ان يمسّ جلدى جلدَك فدعا رسول الله صلّعم له بخَيْر وقاله له ، قال ابن اسحاق ثم عدّل رسول الله صلّعم الصفوف ورجع الى العريش فدخله ومعه فيه ابو بكر ليس معه فيه غيره ورسول الله صلّعم يناشد ربّه ما وعده من النصر ويقول فيما يقول اللهُمّ ان تهلك هذه العِصابةُ

اليوم لا تُعْبَدْ وابو بكر يقول يا نبىّ الله بعضَ مناشدتك ربَّك فانّ الله منجز لك ما وعدك وقد خفق رسول الله صلّعم خَفْقة وهو فى العريش ثم انتبه فقال أَبْشِرْ يأبا بكر أتاك نصرُ الله هذا جِبْرِيل آخذٌ بعِنان فرس يقوده على ثناياه النَّقْعُ ، قال ثم خرج رسول الله صلّعم الى الناس فحرّضهم وقال والذى نفسُ محمد بِيده لا يقاتلهم اليوم رجلٌ فيُقتلَ صابرا محتسِبا مُقبلا غير مُدبر إلّا ادخله اللهُ الجنّة فقال عُميرُ بن الحُمام اخو بنى سَلِمة وفى يده تمراتٌ ياكلهنّ بَخٍ بَخٍ افما بينى وبين ان ادخلَ الجنّة إلّا ان يقتلنى هؤلاء قال ثم قذف التمرات من يده وأخذ سيفه فقاتل القومَ حتى قُتل ، قال ابن اسحاق وحدثنى عاصم بن عمر بن قَتادة ان عَوْف ابن الحارث وهو ابن عَفْراء قال يا رسول الله ما يُضحك الربَّ مِن عبده قال غَمْسُه يده فى العدوّ حاسرا فنزع درعا كانت عليه فقذفها ثم اخذ سيفه فقاتل القومَ حتى قتل ، قال ابن اسحاق وحدثنى محمد بن مُسْلِم ابن شِهاب الزُهْرىّ عن عبد الله

ابن ثَعْلَبة بن صُعَيْر العُذْرِيّ حليف بنى زُهْرة انه حدّثه انه لما التقى الناسُ ودنا بعضهم من بعض قال ابو جَهْل اللهمّ أَقْطَعُنا للرَّحِم وآتانا بما لا يُعْرَف فأَحِنْه الغداة فكان هو المستفتِحُ على نفسه، قال ابن اسحاق ثم ان رسول الله صلّعم اخذ حَفْنة من الحَصْباء فاستقبل بها قريشا ثم قال شاهت الوجوهُ ثم نفحهم بها ثم امر اصحابه فقال شُدّوا فكانت الهزيمةُ فقتل اللهُ من قتل من صناديد قريش وأُسر من اسر من اشرافهم ۞

(نُخْبة من الخبر عن فَتْح مكّة)

قال ابن اسحاق وحدثنى محمد بن جعفر بن الزُبَيْر عن عُبيد الله بن عبد الله بن ابى ثَوْر عن صَفيّة بنت شَيْبة ان رسول الله صلّعم لما نزل مكةَ واطْمَأَنَّ الناسُ خرج حتى جاء البيتَ فطافَ به سبعا على راحلته يستلم الرُكْنَ بمِحْجَن فى يده فلما قضى طَوافَه دعا عُثْمانَ بن طَلْحة فاخذ منه مفتاحَ الكعبة ففُتحت له فدخلها فوجد فيها

حَمامة من عَيْدانٍ فكسرها بيده ثم طرحها ثم وقف على باب الكعبة وقد استكفّ له الناسُ فى المسجد ٠ قال ابن اسحاق فحدثنى بعض اهل العلم ان رسول الله صلّعم قام على باب الكعبة فقال لا الهَ الّا اللهُ وَحْدَه لا شريك له صدَق وَعْدَه ونصَر عبده وهزم الأحزاب وحْده ألَا كلّ مَأْثُرة او دم او مال يُدّعى فهو تحت قدمىَّ هاتَيْن الّا سِدانةَ البيت وسِقاية الحاجّ ألَا وقتيلُ الخطإ شبهِ العَمْدِ السوْطِ والعصا ففيه الدِيةُ مغلّظةً مائةٌ من الإبل اربعون منها فى بطونها أولادُها يا معشرَ قريش ان الله قد أذهب عنكم نَخْوةَ الجاهليّة وتعظّمَها بالآباء الناسُ من آدم وآدم من تراب ثم تلا هذه الآية[1] يا أيّها الناس إنا خلقناكم مِن ذَكر وأُنْثَى وجعلناكم شعوبا وقبائل لِتَعارَفوا إنّ أكرمكم عند الله أتقاكم الآيةَ كُلّها ثم قال يا معشر قريش ما تُرَوْن أنّى فاعلٌ فيكم قالوا خيرًا أَخٌ كريمٌ وابنُ اخٍ كريم قال اذهبوا فانتم الطلقاء ثم جلس رسول الله صلّعم فى المسجد

١ القرآن ٤٩ : ١٣

فقام اليه عَلىٌّ بن ابى طالب ومفتاح الكعبة فى يده فقال يرسول الله اجمعْ لنا الحِجابة مع السقاية صلّى الله عليك فقال رسول الله صلّعم اين عثمان ابن طلحة فدُعِىَ له فقال هاكَ مفتاحك يا عثمان اليومُ يوم بِرّ ووفاء ، قال ابن هشام وذكر سُفْيان ابن عُيَيْنة ان رسول الله صلّعم قال لعلىّ بن ابى طالب إنّما أُعْطيكم ما تُرْزَؤُن لا ما تَرْزَؤُن ، قال ابن هشام حدثنى بعض اهل العلم ان رسول الله صلّعم دخل البيت يوم الفتح فرأى فيه صورَ الملائكة وغيرهم فراى ابراهيم عمّ مصوّرا فى يده الازلامُ يَستقسم بها فقال قاتَلَهم اللهُ جعلوا شيخنا يستقسم بالازلام ما شأنُ ابراهيم والازلامَ ما كان ابراهيم يَهُوديّا ولا نصرانيّا ولكن كان حنيفا مُسْلِما وما كان من المشركين ثم امر بتلك الصور كلّها فطُمست ، قال ابن هشام وحدثنى ان رسول الله صلّعم دخل الكعبة ومعه بِلالٌ ثم خرج رسول الله صلّعم وتخلّف بلال فدخل عبدُ الله بن عمر على بلال فسأله اين صلّى رسول الله صلّعم ولم يسأله

كم صلّى فكان ابن عمر اذا دخل البيت مشى قِبَلَ وجهِهِ وجعل الباب قِبَلَ ظهره حتّى يكون بينه وبين الجدار ثلاثة اذرع ثم يصلّى يتوخّى الموضع الذى قال له بلال ، قال ابن اسحاق وحدثنى سَعيد بن ابى سَعيد المَقْبُرىّ عن ابى شُرَيْح الخُزاعىّ قال لما قدِم عمرو بن الزُبير مكة لقتال اخيه عبد الله بن الزبير جئتُه فقلت له يا هذا إنا كنّا مع رسول الله صلعم حين فتح مكة فلما كان الغَدُ من يوم الفتح عَدَتْ خزاعة على رجل من هُذَيْل فقتلوه وهو مشرك فقام رسول الله صلعم فينا خطيبا فقال يا أيّها الناس ان الله حرّم مكة يومَ خلَق السموات والارض فهى حَرام من حرامٍ الى يوم القِيٰمة فلا يَحِلُّ لامرءٍ يؤمن بالله واليومِ الآخر ان يسفك فيها دما ولا يعضدَ فيها شجرا لم تُحلل لأحد كان قبلى ولا تُحلّ لاحد يكون بعدى ولم تحلل لى الا هذه الساعةَ غضبًا على اهلها ألَا ثُم قد رجعتْ كحُرْمتها بالأمْس فليُبلغ الشاهدُ منكم الغائب فمن قال لكم إنّ رسول الله قد قاتل فيها فقولوا إن

الله قد أحلّها لرسوله ولم يحللها لكم يا معشر خزاعة ارفعوا ايديكم عن القتل فلقد كثُر إن نفع لقد قتلتم قتيلا لَأَدِيَنّه فمن قُتل بعد مَقامى هذا فأَهْلُه بخَيْر النَظَرَيْن إن شاؤا فدمُ قاتِله وان شاؤا فعَقْلُه ثم وَدَى رسول الله صلّعم ذلك الرجل الذى قتلتْه خزاعة فقال عمرو لابى شريح انصرفْ ايها الشيخ فنحن أعلم بحُرْمتها منك انها لا تَمنع سافِكَ دم ولا خالِعَ طاعة ولا مانعَ خُرْبة فقال ابو شريح إنّى كنت شاهدا وكنتَ غائبا ولقد امرنا رسولُ الله صلّعم ان يُبلغ شاهدُنا غائبَنا وقد أبلغتُك فانت وشأنَك، قال ابن هشام وبلغنى عن يَحْيَى بن سَعيد ان النبىّ صلّعم حين افتتح مكة ودخلها قام على الصَفَا يدعو وقد احدقتْ به الانصار فقالوا فيما بينهم أَتُرَوْن رسولَ الله صلّعم اذ فتح اللهُ عليه أرضَه وبلدَه يقيم بها فلما فرغ من دُعاءه قال ما ذا قلتم قالوا لا شىء يرسول الله فلم يَزل بهم حتى اخبروه [1] فقال النبىّ صلّعم معاذَ الله المَحْيا مَحْياكم والمَماتُ مماتكم ۞

(وَفاة رسول الله صلّعم)

قال ابن اسحاق وقال الزُهْرىّ حدثنى أَنَس بن مالك انه لما كان يومُ الاثنين الذى قبض الله فيه رسوله صلّعم خرج الى الناس وهم يصلّون الصُبْحَ فرُفِع السِتْرُ وفُتِح الباب فخرج رسول الله صلّعم فقام على باب عائشة فكاد المسلمون يفتتنون فى صلاتهم برسول الله صلّعم حين رأوه فرحًا به وتفرجوا فأَشار اليهم أَن آثبتوا على صلاتكم. قال فتبسّم رسول الله صلّعم سرورا لِما راى من هيئتهم فى صلاتهم وما رايتُ رسول الله صلّعم احسنَ هيئةً منه تلك الساعة. قال ثم رجع وانصرف الناس وهم يُرَوْن ان رسول الله صلّعم قد أُفرق من وجعه فرجع ابو بكر الى اهله بالسُنْح ، قال ابن اسحاق وحدثنى محمد بن ابراهيم بن الحارث عن القاسم ابن محمد ان رسول الله صلّعم قال حين سمع تكبيرَ عمر فى الصلاة اين ابو بكر يأْبَى اللهُ ذاك والمسلمون فلولا مقالةٌ قالها عمر عند وفاته لم يشكّ المسلمون ان رسول الله صلّعم قد استخلف

ابا بكر ولكنه قال عند وفاته إن أَسْتخلفْ فقد استخلَف من هو خير منّى وإن أَتركهم فقد تركهم من هو خير منّى فعرف الناسُ ان رسول الله صلّعم لم يستخلف احدا وكان عمر غيرَ متّهَم على ابى بكر ، قال ابن اسحاق وحدثنى ابو بكر بنْ عبد الله بن ابى مُلَيْكَة قال لما كان يوم الاثنين خرج رسول الله صلّعم عاصبا راسه الى الصبح وابو بكر يصلّى بالناس فلما خرج رسول الله صلّعم تفرّج الناسُ فعرف ابو بكر ان الناس لم يصنعوا ذلك الا لرسول الله صلّعم فنكص عن مصلّاه فدفع رسول الله صلّعم فى ظهره وقال صلّ بالناس وجلس رسول الله صلّعم الى جنبه فصلّى قاعدا عن يمين ابى بكر فلما فرغ من الصلاة اقبل على الناس فكلّمهم رافعا صوته حتى خرج صوته من باب المسجد يقول ايها الناس سُعّرت النارُ واقبلت الفتنُ كقِطَع الليل المظْلم وإنّى والله ما تَمسّكون علىّ بشىء انّى لم أُحلّ الا ما أَحلّ القرانُ ولم احرّم الا ما حرّم القران قال فلما فرغ رسول الله صلّعم من

كلامه قال له ابو بكر يا نبىّ الله انى أُراك قد اصبحت بنعمة من الله وفَضْل كما تُحبّ واليومُ يومُ بنتِ خارجةَ اءَآتيها قال نعم قال ثم دخل رسول الله صلعم وخرج ابو بكر الى اهله بالسُّنْح ، قال ابن اسحاق قال الزُهْرىّ وحدثنى عبد الله بن كعب ابن مالك عن عبد الله بن عَبّاس قال خرج يومئذ علىٌّ بن ابى طالب رضه على الناس من عند رسول الله صلعم فقال له الناس يأبا حَسَن كيف اصبح رسول الله صلعم قال اصبح بحَمْد الله بارئًا قال فاخذ العبّاسُ بيده ثم قال يا علىّ انت والله عبدُ العصا بعد ثلاث أُحلف بالله لقد عرفتُ الموت فى وجه رسول الله صلعم كما كنت اعرفه فى وجوه بنى عبد المُطَّلِب فانطلقْ بنا الى رسول الله صلعم فان كان هذا الامرُ فينا عَرَفْناه وان كان فى غيرنا أَمرْناه فأَوْصَى بنا الناسَ قال فقال له علىّ بن ابى طالب انى والله لا افعل والله لئن منعناه لا يُؤتيناه احدٌ بعده ، فتوفّى رسول الله صلعم حين اشتدّ الضَحاء من ذلك اليوم ، قال

ابن اسحاق وحدثنى يعقوب بن عُتْبة عن الزهرىّ عن عُرْوة عن عائشة قال قالت رجْع الىّ رسول الله صلعم فى ذلك اليوم حين دخل من المسجد فاضطجع فى حَجْرى فدخل علىَّ رجل من آل ابى بكر وفى يده سواكٌ اخضر قالت فنظر رسول الله صلعم اليه فى يده نظرا عرفتُ انه يريده قالت فقلت يرسول الله اتُحِبّ ان أُعطيك هذا السواك قال نعم قالت فاخذتُه فمضغته له حتى ليّنته ثم اعطيته اياه قالت فاستنّ به كأشدّ ما رايتُه استنّ بسواك قطّ ثم وضعه ووجدتُ رسول الله صلعم يَثقل فى حجرى فذهبت انظر فى وجهه فاذا بصرُه قد شخَص وهو يقول بل الرفيقَ الأعلى من الجنّة قالت فقلت خُيّرتَ فاخترتَ والذى بعثك بالحقّ قالت وقُبض رسول الله صلعم ، قال ابن اسحاق وحدثنى يَحْيَى بن عَبّاد بن عبد الله بن الزُبير عن ابيه عباد قال سمعت عائشة تقول مات رسول الله صلعم بين سَحْرى ونَحْرى وفى دُوْلتى لم أَظْلم فيه احدا فمن سفهى وحداثة سنّى أنّ رسول

الله صلّعم قبض وهو فى حجرى ثم وضعتُ راسه على وسادة وقمت ألتدم مع النساء وأضرب وجهى ❊

❊(من تأريخ الرُسْل والملوك للطَبَرىّ)❊

❊(نُخَبة من الخبر عن فتوح الشأم وخالد بن الوَليد سيف الله)❊

رجع الحديث الى حديث ابن اسحاق، وكتب ابو بكر الى خالد بن الوَليد وهو بالحِيرة يامره ان يُمدّ اهل الشأم بمن معه من اهل القوّة ويخرج فيهم ويستخلف على ضعفة الناس رجلا منهم فلما اتى خالدا كتاب ابى بكر بذلك قال خالد هذا عمل الأُعَيْسِرِ ابن امّ شَمْلَةَ يعنى عمر بن الخطّاب حسدنى ان يكون فتح العراق على يدى فسار خالد بأهل القوّة من الناس وردّ الضعفاء والنساء الى المدينة مدينة رسول الله صلّعم وامّر عليهم عُمير بن سعد الانصارى واستخلف خالد على من اسلم بالعراق من رَبيعة وغيرهم المثنّى بن حارثة الشَيْبانى ثم سار

حتى نزل على عَيْن التَمْر فاغار على اهلها فاصاب منهم ورابط حصنا بها فيه مقاتِلة كان كِسْرَى وضعهم فيه حتى استنزلهم فضرب اعناقهم وسبى من عين التمر ومن ابناء تلك المقاتلة سبايا كثيرة. فبعث بها الى ابى بكر وقتل خالد بن الوليد هِلال بن عَقّة بن بِشْر النَمَرى وصلبه بعين التمر ثم اراد السير مفوّزا من قُرَاقِر وهو ماء لكلب الى سُوًى وهو ماء لبَهْراء بينهما خمس ليال فلم يهتد خالد الطريقَ فالتمس دليلا فدُلّ على رافع بن عَميرة الطائىّ فقال له خالد انطلق بالناس فقال له رافع انك لن تطيق ذلك بالخيل والاثقال والله ان الراكب المفرد ليخافها على نفسه وما يسلكها الا مغررا انها لخمس ليال جياد لا يصاب فيها ماء مع مضلّتها فقال له خالد وَيْحك انه والله إنْ لى بدٌّ من ذلك انه قد اتتنى من الامير عزمة بذلك فمر بأمرك قال استكثروا من الماء من استطاع منكم ان يصرّ أُذن ناقته على ماء فليفعل فانها المهالك الّا ما دفع الله ابغِنى عشرين جزورا عظاما سمانا مسانّ فأتاه بهنّ خالد

فعمد اليهن رافع فظمّأهن حتى اذا اجهدهن عطشا اوردهن فشربن حتى اذا تملّأن عمد اليهن فقطع مشافرهن ثم كعمهن لئلا يجتررن ثم اخلى ادبارهن ثم قال لخالد سر فسار خالد معه مغذّا بالخيول والاثقال فكلّما نزل منزلا افتظّ اربعا من تلك الشوارف فاخذ ما فى اكراشها فسقاه الخيل ثم شرب الناس مما حملوا معهم من الماء فلما خشى خالد على اصحابه فى آخر يوم من المفازة قال لرافع بن عَميرة وهو ارمد ويحك يا رافع ما عندك قال ادركتَ الرىّ ان شاء الله فلما دنا من العَلَمَيْن قال للناس انظروا هل ترون شُجيرة من عوسج كقِعدة الرجل قالوا ما نراها قال انّا لله وانّا اليه راجعون هلكتم والله اذًا وهلكتُ لا ابا لكم انظروا فطلبوا فوجدوها قد قُطعت وبقيت منها بقيّة فلما رآها المسلمون كبّروا وكبّر رافع بن عميرة ثم قال احفروا فى اصلها فحفروا فاستخرجوا عينا فشربوا حتى رِوِى الناس فاتّصلت بعد ذلك لخالد المنازل فقال رافع والله ما وردتُ هذا الماء قطّ الا مرة

واحدة وردتُه مع ابى وانا غلام فقال شاعر من المسلمين (من الرجز)

لله عَيْنا رافع أَنّى اهتَدَى
فوّز من قُراقِرٍ الى سُوَى
خِمْسا اذا ما سارها الجيشُ بكى
ما سارها قبلك إنْسيٌّ يُرَى

فلما انتهى خالد الى سوى اغار على اهله وهم بَهْراء قُبيل الصبح وناس منهم يشربون خمرا لهم فى جفنة قد اجتمعوا عليها ومغنّيهم يقول (من الطويل)

أَلا عَلِّلانى قبل جيش ابى بكرِ
لعلّ منايانا قريب وما ندرِى
أَلا علّلانى بالزُّجاج وكرِّرا
علىّ كُميتَ اللونِ صافيةً تجْرِى
أَلا علّلانى من سُلافة قهوة
تسلّى همومَ النفس من جيّد الخمر
أَظنّ خيولَ المسلمين وخالدا
ستطرُقكم قبل الصباح من البِشْر

فهل لكمُ فى السير قبل قتالهم
وقبل خروج المعصرات من الخدر

فيزعمون ان مغنيهم ذلك قتل تحت الغارة فسال دمه فى تلك الجفنة ' ثم سار خالد على وجهه ذلك حتى اغار على غَسّان بمَرْج راهِط ثم سار حتى نزل على قناة بُصْرَى وعليها ابو عُبيدة بن الجَرّاح وشُرَحْبِيل ابن حَسَنة ويَزيد بن ابى سُفْيان فاجتمعوا عليها فرابطوها حتى صالحت بصرى على الجزية وفتحها الله على المسلمين فكانت اول مدينة من مدائن الشأم فتحت فى خلافة ابى بكر ثم ساروا جميعا الى فِلَسْطِين مددًا لعمرو بن العاص وعمرو مقيم بالعَرَبات من غَوْر فلسطين وسمعت الروم بهم فانكشفوا عن جِلِّق الى أَجْنادَيْن وعليهم تَذارِق اخو هِرَقْل لابيه وامه واجنادين بلد بين الرَمْلة وبَيْت جِبْرِين من ارض فلسطين وسار عمرو بن العاص حين سمع بأبى عبيدة بن الجرّاح وشرحبيل بن حسنة ويزيد بن ابى سفيان! حتى لقيهم فاجتمعوا باجنادين حتى عسكروا عليهم ' حدثنا ابن حُميد قال ثنا سَلَمة

عن محمد بن اسحاق عن محمد بن جعفر بن الزُبير عن عُرْوة بن الزُبير انه قال كان على الروم رجل منهم يقال له القُبُقْلار وكان هرقل استخلفه على امراء الشأم حين سار الى القسطنطينيّة واليه انصرف تَذارِق بمن معه من الروم فامّا علماء الشأم فيزعمون إنّما كان على الروم تذارق والله اعلم،

حدثنا ابن حُميد قال ثنا سَلَمة عن محمد بن اسحاق عن محمد بن جعفر بن الزبير عن عروة قال لما تدانى العسكران بعث القبقلار رجلا عربيّا قال فحُدّثتُ ان ذلك الرجل رجل من قُضاعة من تَزيد بن حَيْدان يقال له ابن هُزارِف فقال ادخل فى هؤلاء القوم فأقم فيهم يوما وليلة ثم ائتِنى بخبرهم، قال فدخل فى الناس رجل عربىّ لا يُنْكَر فاقام فيهم يوما وليلة ثم اتاه فقال له ما وراءك قال بالليل رُهبان وبالنهار فُرسان ولو سرق ابن مَلِكهم قطعوا يده ولو زنى رُجم لإقامة الحقّ فيهم فقال له القبقلار لئن كنت صدقتنى لبطنُ الارض خير من لقاء هؤلاء على ظهرها ولوددْتُ ان حظّى من الله

ان يخلّى بينى وبينهم فلا ينصرنى عليهم ولا ينصرهم علىّ، قال ثم تزاحف الناس فاقتتلوا فلما راى القبقلار ما راى من قتال المسلمين قال للروم لفّوا رأسى بثوب قالوا له لِمَ قال يوم البئيس لا احبّ ان اراه ما رايت فى الدنيا يوما اشدّ من هذا، قال فاحتزّ المسلمون رأسه وانه لملفّف وكانت اجنادين فى سنة ١٣ لليلتين بَقِيَتا من جمادى الاولى وقُتل يومئذ من المسلمين جماعة منهم سَلَمة بن هِشام بن المُغِيرة وهَبّار بن الأَسْوَد بن عبد الأَسَد ونُعيم بن عبد الله النحّام وهِشام بن العاص بن وائل وجماعةٌ أُخَر من قريش، قال ولم يسمَّ لنا من الانصار احد اصيب بها،

نا عُمَر قال حدثنى عَلىّ عن عِيسَى بن يزيد عن صالح بن كَيْسان قال كان اول كتاب كتبه عمر حين وَلِىَ الى ابى عُبيدة يولّيه على جند خالد أُوصيك بتقوى الله الذى يبقى ويفنى ما سواه الذى هدانا من الضلالة واخرجنا من الظلمات الى النور وقد استعملتك على جند خالد بن الوليد

فقُم بامرهم الذى يحقّ عليك لا تقدّم المسلمين الى هلكة رجاء غنيمة ولا تنزلهم منزلا قبل ان تستريده لهم وتعلمَ كيف مأتاه ولا تبعث سريّة الا فى كَثْف من الناس واياك والقاء المسلمين فى الهلكة وقد ابلاك الله بى وابلانى بك فغمّضْ بصرك عن الدنيا وأَلْهِ قلبك عنها واياك ان تهلكك كما اهلكتْ من كان قبلك فقد رايتَ مصارعهم،

فحدّثنا ابن حُميد قال ثنا سَلَمة عن ابن اسحاق قال لما فرغ المسلمون من اجنادين ساروا الى فِحْل من ارض الأُرْدُنّ وقد اجتمعت فيها رافضة الروم والمسلمون على امرائهم وخالد على مقدّمة الناس فلما نزلت الروم بَيْسان بثقوا انهارها وهى ارض سَبِخة فكانت وَحلا ونزلوا فِحْلَ وبَيْسانُ بين فلسطين وبين الاردنّ فلما غشيها المسلمون ولم يعلموا بما صنعت الروم وَحِلت خيولهم ولقوا فيها عناء ثم سلّمهم الله وسمّيت بيسانُ ذاتَ الرَدَغة لما لقى المسلمون فيها ثم نهضوا الى الروم وهم بفحل فاقتتلوا فهزمت الرومُ ودخل المسلمون فحل

ولحقت رافضة الروم بدِمَشْق فكانت محل فى ذى القعدة سنة ١٣ على ستة اشهر من خلافة عمر، واقام تلك الحِجّة للناس عبد الرحمن بن عَوْف، ثم ساروا الى دمشق وخالد على مقدّمة الناس وقد اجتمعت الروم الى رجل منهم يقال له باهان بدمشق وقد كان عمر عزل خالد بن الوليد واستعمل ابا عبيدة على جميع الناس فالتقى المسلمون والروم فيما حول دمشق فاقتتلوا قتالا شديدا ثم هزم الله الروم واصاب منهم المسلمون ودخلت الروم دمشق فغلقوا ابوابها وجثم المسلمون عليها فرابطوها حتى فتحت دمشق وأعطوا الجزية وقد قدِم الكتاب على ابى عبيدة بإمارته وعزلِ خالد فاستحيى ابو عبيدة ان يقرئ خالدا الكتاب حتى فتحت دمشق وجرى الصلح على يدى خالد وكُتب الكتاب باسمه فلما صالحت دمشق لحق باهان صاحب الروم الذى قاتل المسلمين بهِرَقْل وكان فتح دمشق فى سنة ١٤ فى رجب واظهر ابو عبيدة امارته وعزل خالد وقد كان المسلمون التقوا هم والروم ببلد يقال له

عَيْن فِحْل بين فلسطين والاردنّ فاقتتلوا به قتالا شديدا ثم لحقت الروم بدمشق، وانما نزع عمر خالدا فى كلام كان خالد تكلّم به فيما يزعمون ولم يزل عمر عليه ساخطا ولامره كارها فى زمان ابى بكر كلّه لوقعته بابن نُوَيْرة وما كان يعمل به فى حربه فلما استُخلف عمر كان اول ما تكلّم به عزله فقال لا يلى لى عملا ابدا فكتب عمر الى ابى عبيدة إن خالد اكذب نفسَه فهو امير على ما هو عليه وإن هو لم يكذب نفسه فأنت الامير على ما هو عليه ثم انزعْ عمامته عن راسه وقاسِمْه ماله نصفين فلما ذكر ابو عبيدة ذلك لخالد قال أَنظِرنى أستشر اختى فى امرى ففعل ابو عبيدة فدخل خالد على اخته فاطمة بنت الوليد وكانت عند الحارث بن هِشام فذكر لها ذلك فقالت والله لا يحبّك عمر ابدا وما يريد الا ان تكذب نفسك ثم ينزعك فقبّل راسها وقال صدقتِ والله فتمّ على امره وأبى ان يكذب نفسه فقام بِلال مولى ابى بكر الى ابى عبيدة فقال ما أُمِرتَ به فى خالد قال أُمِرت ان انزع عمامته

وأقاسمه ماله فقاسَمَه ماله حتى بقيت نعلاه فقال ابو عبيدة ان هذا لا يصلح الا بهذا فقال خالد اجل ما انا بالذى اعصى امير المؤمنين فاصنع ما بدا لك فأخذ نعلا واعطاه نعلا ثم قدم خالد على عمر المدينة حين عزله' ثنا ابن حميد قال ثنا سلمة عن محمد بن اسحاق عن محمد بن عمر ابن عَطاء عن سُلَيْمان بن يَسار قال كان عمر كلّما مرّ بخالد قال يا خالد أَخرِج مال الله من تحت استك فيقول والله ما عندى من مال فلما اكثر عليه عمر قال له خالد يا امير المؤمنين ما قيمة ما اصبتُ فى سلطانكم اربعين الف درهم فقال عمر قد اخذتُ ذلك منك باربعين الف درهم قال هو لك قال قد اخذته ولم يكن لخالد مال الا عُدّة ورقيق فحُسب ذلك فبلغت قيمتُه ثمانين الف درهم فناصفه عمر ذلك فاعطاه اربعين الف درهم واخذ المال فقيل له يا امير المؤمنين لو رددتَ على خالد ماله فقال انما انا تاجر للمسلمين والله لا اردّه عليه ابدا فكان عمر يَرَى انه قد اشتفى من خالد حين صنع به ذلك ۞

* (نخبة من خبر القادِسيّة) *

كتب الىّ السَرىّ عن شُعَيْب عن سَيْف عن محمد وطَلْحة وعمرو بإسنادهم قالوا وعجّ اهل السَواد الى يَزْدَجِرْد بن شَهْرِيار وارسلوا اليه إنّ العرب قد نزلوا القادسيّة بامر ليس يُشبه الا الحرب وإنّ فِعْلَ العرب مذ نزلوا القادسيّة لا يَبْقى عليه شىء وقد اخربوا ما بينهم وبين الفُرات وليس فيما هنالك انيس الا فى الحصون وقد ذهب الدوابّ وكلّ شىء لم يحتمله الحصونُ من الاطعمة ولم يَبْق الا ان يستنزلونا فان أبطأ عنّا الغياث اعطيناهم بأيدينا وكتب اليه بذلك الملوك الذين لهم الضياع بالطَفّ واعانوهم عليه وهيّجوه على بعثة رُسْتُم ولما بدا ليزدجرد ان يُرسل رستم ارسل اليه فدخل عليه فقال له انّى اريد ان اوجّهك فى هذا الوجه وانما يُعَدّ للامور على قدرها وانت رجل اهلِ فارس اليوم وقد ترى ما جاء اهلَ فارس من امر لم يأتهم مثله منذ ولِى آلُ أَرْدَشِير فأراه أن قد قبِل منه وأثنى عليه فقال له الملك قد احبّ ان انظر فيما لديك لأعرف ما عندك فصفْ لى العرب

وفعلهم منذ نزلوا القادسيّة وصفْ لى العجم وما يلقون منهم فقال رستم صفة ذئاب صادفت غرّةً من رِعاء فافسدت فقال ليس كذلك انى انما سألتك رجاءَ ان تُعرب صفتَهم فاقوّيك لتعمل على قدر ذلك فلم تُصِبْ فافهمْ عنى انما مَثَلُهم ومَثَل اهل فارس كمَثَل عقاب اوفى على جبل يأوى اليه الطير بالليل فتبيت فى سَفْحه فى اوكارها فلما اصبحت تجلّت الطير فابصرَتْه يرقبها فان شذّ منها شىء اختطفه فلما ابصرته الطير لم تنهض من مخافته وجعلت كلّما شذّ منها طائر اختطفه فلو نهضت نهضةً واحدة ردّتْه وأَشَدُّ شىء يكون فى ذلك ان تنجو كلّها الّا واحدا وان اختلفَتْ لم تنهض فرقةٌ الّا هلكت فهذا مَثَلهم ومَثَل الاعاجم فاعملْ على قدر ذلك فقال له رستم ايها الملك دَعْنى فانّ العرب لا تزال تهاب العجم ما لم تُضَرِّهِم بى ولعلّ الدولة ان تثبت بى فيكونَ الله قد كفى ونكونَ قد اصبنا المكيدة ورأىَ الحرب فانّ الرأى فيها والمكيدةَ انفع من بعض الظفر فأَبَى عليه وقال

اىّ شىء بقى فقال رستم ان الأناة فى الحرب خير من العجلة ولِلأناة اليوم موضع وقتال جيش بعد جيش امثل من هزيمة بمرّة واشدّ على عدوّنا فلجّ وأبى فخرج حتى ضرب عسكره بساباط وجعلت تختلف الى الملك الرسلُ ليَرَى موضعا لإعفائه وبعثةِ غيره ويجتمع اليه الناس وجاء العيون الى سَعْد بن ابى وَقّاص بذلك من قِبَل الحِيرة وبنى صَلوبا وكتب الى عمر بذلك ولما كثُرت الاستغاثة على يزدجرد من اهل السَواد على يدى الآزاذمَرْد بن الآزاذبِه جشِعت نفسه واتّقى الحربِ برستم وترك الرأى وكان ضيّقا لَجُوجا فاستحثّ رستمَ فاعاد عليه رستم القول وقال ايها الملك لقد اضطرّنى تضييعُ الرأى الى إعظام نفسى وتزكيتها ولو اجدُ من ذلك بدًّا لم اتكلّم به فانشدُك اللهَ فى نفسك واهلك ومُلكك دَعْنى أُقم بعسكرى واسرّح الجالِنُوس فإن تكن لنا فذلك والّا فأنا على رِجل وأبعث غيره حتى اذا لم نجد بدًّا ولا حيلة صبرنا لهم وقد وهّنّاهم وحسّرناهم ونحن جامّون فابى الّا ان يسير، كتب الىّ

السرىّ عن شعيب عن سيف عن النَضْر بن السرىّ الضَبّىّ عن ابن الرُفَيْل عن ابيه قال لما نزل رستم بساباط وجمع آلة الحرب وأَداتها بعث على مقدّمته الجالنوس فى اربعين الفا وقال آزحف زحفا ولا تنجذب الا بأمرى واستعمل على ميمنته الهُرْمُزان وعلى ميسرته مِهْران بن بَهْرام الرازىّ وعلى ساقته البَيْرُزان وقال رستم ليشجّع الملك ان فتح الله علينا القومَ فهو وجهُنا الى ملكهم فى دارهم حتى نشغلهم فى اصلهم وبلادهم الى ان يقبلوا المسالمة او يرضوا بما كانوا يرضون به فلما قدِمت وفود سعد على الملك ورجعوا من عنده راى رستم فيما يرى النائم رؤيا فكرهها واحسّ بالشرّ وكره لها الخروجَ ولقاء القوم واختلف عليه رأيه واضطرب وسأل الملكَ ان يُمضى الجالنوسَ ويُقيم حتى ينظر ما يصنعون وقال ان غَناء الجالنوس كغنائى وان كان اسمى اشدَّ عليهم من اسمه فان ظفر فهو الذى نريد وان يكن الاخرى وجّهتُ مثله ودفعنا هؤلاء القوم الى يومٍ ما فانّى لا ازال مرجوّا فى اهل فارس ما لم أُهزم وينشطون ولا ازال

مَهيبا فى صدور العرب ولا يزالون يَهابون الإقدام ما لم اباشرهم فان باشرتُهم اجترءوا آخرَ دهرهم وانكسر اهل فارس آخرَ دهرهم فبعث مقدّمته اربعين الفا وخرج فى ستّين الفا وساقته فى عشرين الفا، كتب الىّ السرىّ عن شعيب عن سيف عن محمد وطلحة وزِياد وعمرو بإسنادهم قالوا لما أبى الملك الا السيرَ كتب رستم الى اخيه والى رؤوس اهل بلاده من رستم الى البِنْدَوان مَرْزُبان الباب وسهم اهل فارس الذى كان لكلّ كون يكون فيفُضّ الله به كلّ جند عظيم شديد ويفتح به كلّ حصن حصين ومَن يليه فرُمّوا حصونكم واعِدّوا واستعِدّوا فكأنّكم بالعرب قد وردوا بلادكم وقارعوكم عن ارضكم وابناءكم وقد كان من رأيى مدافعتهم ومطاولتهم حتى تعود سعودهم نُحوسا فابى الملك، كتب الىّ السرىّ عن شعيب عن سيف عن الصَلْت بن بَهْرام عن رجل انّ يزدجرد لما امر رستم بالخروج من ساباط كتب الى اخيه بنحو من الكتاب الاول وزاد فيه فان السمكة قد كدّرت الماء وان النعائم قد حسُنت وحسُنت الزُهَرة واعتدل

الميزان وذهب بَهْرام ولا ارى هؤلاء القوم الا سيظهرون علينا ويستولون على ما يلينا وان اشدّ ما رايتُ ان الملك قال لتسيرنّ اليهم او لأسيرنّ اليهم انا بنفسى فأنا سائر اليهم ٬

كتب الىّ السرىّ عن شعيب عن سيف عن النَضْر ابن السرىّ عن ابن الرُفَيل عن ابيه. قال كان الذى جرّأ يزدجرد على ارسال رستم غلامٌ جابان منجّمِ كسرى وكان من اهل فُراتِ بادَقْلَى فارسل اليه فقال ما ترى فى مسير رستم وحرب العرب اليوم فخافه على الصدق فكذبه وكان رستم يعلم نحوا من علمه فثقُل عليه مسيره لعلمه وخفّ على الملك لِما غرّه منه ٬ وكتب جابان الى جُشْنَسْماه ان اهل فارس قد زال امرهم وأُديل عدوّهم عليهم وذهب مُلك المجوسيّة واقبل مُلك العرب وأُديل دينهم فاعتقدْ منهم الذمّة ولا تختلبنّك الامور والعجلَ العجلَ قبل ان تُؤخَذ فلمّا وقع الكتاب اليه خرج جشنسماه اليهم حتى اتى المعنّى وهو فى خيل بالعَتيق وارسله الى سعد فاعتقد منه على نفسه واهل بيته ومن استجاب

له وردّه وكان صاحب اخبارهم واهدى للمعنّى فالوذق. فقال لامرأته ما هذا فقالت اظنّ البائسةَ امرأته اراغت العصيدة فاخطأتها فقال المعنّى بُؤْسًا لها ۞

(يوم أَغْواث) كتب الىّ السرىّ عن شعيب عن سيف عن محمد وطلحة وزياد وشاركهم ابنُ مِخْراق عن رجل من طَىّء قالوا وقاتلت الفرسان يوم الكتائب فيما بين ان اصبحوا الى انتصاف النهار فلما عدل النهار تزاحف الناس فاقتتلوا بها صَتيتا حتى انتصف الليل فكانت ليلة أَرْماث تُدعى الهَدْأَة وليلة أغواث تُدعى السواد والنصفُ الاول يُدعى السواد ثم لم يزل المسلمون يرون فى يوم اغواث فى القادسيّة الظفر وقتلوا فيه عامّةَ اعلامهم وجالت فيه خيل القلب وثبتَ رَجْلهم فلولا أنّ خيلهم كرّت أُخذ رستم اخذا فلما ذهب السواد بات الناس على مثل ما بات عليه القوم ليلة أَرْماث ولم يزل المسلمون ينتمون لَدُن امسوا حتى تفايَوا فلما امسى سعد وسمع ذلك نام وقال لبعض مَن عنده ان تمّ الناس على الانتماء فلا

توقظني فانهم اقوياء على عدوهم وان سكتوا ولم يَنتم الآخَرون فلا توقظني فانهم على السَواء فان سمعتَهم ينتمون فأَيقظْني فان انتماءهم من السُوء، فقالوا ولما اشتدّ القتال بالسواد وكان ابو مِحْجَن قد حُبس وقُيّد فهو فى القصر فصعِد حين امسى الى سعد يستعفيه ويستقيله فزبره وردّه فنزل فأتى سَلْمَى بنت خَصَفة فقال يا سلمى يا بنت آل خَصَفة هل لكِ الى خير قالت وما ذاك قال تُخلّين عنّى وتُعيرينى البلقاء فللّه علىّ إن سلّمنى الله أن ارجع اليك حتى أَضع رجلى فى قيدى فقالت وما انا وذاك فرجع يَرسُف فى قيوده ويقول (من الطويل)

كَفَى حَزَنًا أن تَرْدِىَ الخيلُ بالقنا
وأُتركَ مشدودا علىَّ وِثاقِيا
اذا قمتُ عنّانى الحديدُ وأُغلقتْ
مصاريعُ دونى قد تُصِمُّ المُنادِيا
وقدْ كنتُ ذا مال كثير وإخْوةٍ
فقدْ تركونى واحدًا لا أَخا لِيا

ولله عَهْدٌ لا أَخِيسُ بعهده
لَئِنْ فُرِجَتْ أن لا أَزور الحَوانيا

فقالت سلمى انى استخرتُ الله ورضيتُ بعهدك فاطلقتْه وقالت امّا الفَرَس فلا أُعِيرها ورجعتْ الى بيتها فاقتادها فاخرجها من باب القصر الذى يلى الخندق فركبها ثم دبّ عليها حتى اذا كان بحيال الميمنة كبّر ثم حمل على ميسرة القوم يلعب برمحه وسلاحه بين الصفّيْن، فقالوا بسرجها وقال سعيد والقاسم عُرْيا ثم رجع من خلف المسلمين الى الميسرة فكبّر وحمل على ميمنة القوم يلعب بين الصفّين برمحه وسلاحه ثم رجع من خلف المسلمين الى القلب فندر أمام الناس فحمل على القوم يلعب بين الصفّين برمحه وسلاحه وكان يقصف الناسَ ليلتئذٍ قصفا منكرا وتعجّب الناس منه وهم لا يعرفونه ولم يروه من النهار فقال بعضهم اوائل اصحاب هاشم او هاشم نفسه وجعل سعد يقول وهو مُشرف على الناس مُكبّ من فوق القصر والله لو لا مَحْبَس ابى مِحْجَن لقلتُ هذا ابو محجن وهذه البلقاء وقال بعض الناس ان كان الخَضِر يشهد

الحروب فنظنّ صاحب البلقاء الخَضِر وقال بعضهم لو لا انّ الملائكة لا تُباشِر القتال لقلنا مَلَكٌ يثبّتنا ولا يذكره الناس ولا يأبهون له لانّه بات فى محبسه فلمّا انتصف الليل حاجز اهلُ فارس وتراجع المسلمون واقبل ابو محجن حتى دخل من حيث خرج ووضع عن نفسه وعن دابّته واعاد رجليه فى قيديه وقال (من الوافر)

لقدْ علمتْ ثَقِيفُ غيرَ فَخْرٍ   بأنّا نحن أكرمُهم سيوفَا
وأكثرُهم دروعًا سابغاتٍ   وأصبرُهم اذا كرهوا الوقوفا
وأنّا وَفْدُهم فى كلّ يوم   فإن عَمِيُوا فسَلْ بِهِمْ عَرِيفا
وليلةَ قادسٍ لم يَشعروا بى   ولم أُشْعِرْ بمَخْرَجِى الزُحوفا
فإن أُحبسْ فذٰلِكُمْ بَلائى   وإن أُترك أُذيقُهمُ الحُتوفا

فقالت له سلمى يا ابا محجن فى اىّ شىء حبسك هذا الرجلُ قال أَمَ واللهِ ما حبسنى بحرام اكلتُه ولا شربتُه ولكنّى كنتُ صاحب شراب فى الجاهليّة وانا امرؤٌ شاعر يدِبّ الشعر على لسانى فيبعثه على شفتى احيانا فيُساء لذلك ثنائى ولذلك حبسنى قُلْتُ (من الطويل)

اذا مُتُّ فادْفِنِّى الى اصل كَرْمَة
تُرَوِّى عِظامى بعد موتى عروقُها
ولا تَدْفِنَنِّى بالفلاة فإنّنى
أَخافُ اذا ما متُّ أَن لا أَذوقُها
وتُرْوِى بخمر الحُصّ لَحْدِى فإنّنى
أَسيرٌ لها من بعدِ ما قد أَسوقُها

ولم تزل سلمى مغاضِبة لسعد عشيّة ارماث وليلة الهَدْأَة وليلة السواد حتى اذا اصبحتْ اتتْه وصالحته واخبرته خبرها وخبر ابى محجن فدعا به فاطلقه وقال اذهب فما انا مؤاخذك بشىء تقوله حتى تفعله قال لا جَرَمَ والله لا أُجيب لسانى الى صفة قبيح ابدا ۞

(يوم عِماس وليلة الهَرير) كتب الىّ السرىّ عن شعيب عن سيف عن محمد وطلحة وزياد باسنادهم وابنِ مِخْراق عن رجل من طيّئ قالوا فاصبحوا من اليوم الثالث وهم على مواقفهم واصبحت الاعاجم على مواقفهم واصبح ما بين الناس كالرِجْلة الحمراء يعنى الحَرّة مِيلٌ فى عرضٍ ما بين الصفّين وقد قُتل

من المسلمين الفان من رثيث وميّت ومن المشركين عشرة آلاف من رثيث وميّت وقال سعد من شاء غسل الشهداء ومن شاء فلْيدفنْهم بدمائهم واقبل المسلمون على قتلاهم فاحرزوهم فجعلوهم من وراء ظهورهم واقبل الذين يجمعون القتلى يحملونهم الى المقابر ويبلّغون الرثيث الى النساء وحاجِب بن زَيْد على الشهداء وكان النساء والصبيان يحفِرون القبور فى اليومين يوم اغواث ويوم ارماث بعُدْوتى مشرِّق فدُفن الفان وخمسمائة من اهل القادسيّة واهل الايّام فمرّ حاجب وبعض اهل الشهادة وُولاةِ الشهداء فى اصل نخلة بين القادسيّة والعُذَيْب وليس بينهما يومئذ نخلة غيرُها فكان الرثيث اذا حُملوا فانتُهى بهم اليها وأحدُهم يَعقِل سألهم ان يقفوا به تحتها يسترْوِح الى ظلّها، كتب الىّ السرىّ عن شعيب عن سيف عن محمد وطلحة وزياد قالوا وبات القَعْقاع ليلَته كلّها يسرّب اصحابه الى المكان الذى فارقهم فيه من الامس ثم قال اذا طلعت لكم الشمس فأقبِلوا مائةً مائةً كلّما توارى عنكم مائة فليتبعها

مائة فإن جاء هاشم فذاك والا جدّدتم للناس رجاءً وجِدًّا ففعلوا ولا يشعر بذلك احد واصبح الناس على مواقفهم قد احرزوا قتلاهم وخلّوا بينهم وبين حاجب ابن زَيْد وقتلى المشركين بين الصفّين قد أُضيعوا وكانوا لا يعرِضون لأُمواتهم وكان مكانهم مما صنع الله للمسلمين مكيدةً فتحها ليشُدّ بها اعضادَ المسلمين فلما ذرّ قرن الشمس والقعقاع يلاحظ الخيل وطلعت نواصيها كبّر وكبّر الناس وقالوا جاء المَدَد وقد كان عاصم بن عمرو أُمر ان يصنع مثلها فجاءوا من قِبَل خَفّان فتقدّم الفرسان وتكتّبت الكتائب فاختلفوا الضربَ والطعنَ ومددهم متتابع فما جاء آخِر اصحاب القعقاع حتى انتهى اليهم هاشم وقد طلع فى سبعمائة فاخبروه برأى القعقاع وما صنع فى يوميه فعبّى اصحابه سبعين سبعين فلما جاء آخر اصحاب القعقاع خرج هاشم فى سبعين معه فيهم قَيْس بن هُبَيْرة بن عبد يَغوث ولم يكن من اهل الايّام انما اتى من اليَمَن اليرموكَ فانتدب مع هاشم فاقبل هاشم حتى اذا خالط القلبَ كبّر وكبّر المسلمون وقد اخذوا

مصاقّهم وقال هاشم اول القتال المطاردة ثم المراماة فأخذ قوسه فوضع سهما على كَبِدها. ثم نزع فيها فرفعت فرسه رأسها فخلّ أُذُنها فضحك وقال وا سوءتاهْ من رمية رجل كلُّ من راى-ينتظره اين ترون سهمى كان بالغًا فقيل العتيقَ. فنزّقها وقد نزع السهم. ثم ضربها حتى بلغت العتيق. ثم ضربها فاقبلت به تخرقهم حتى عاد الى موقفه وما زالت مَقانبه تطلع الى الاولى وقد بات المشركون فى عِلاج توابيتهم حتى اعادوها واصبحوا على مواقفهم واقبلت الفيلة معها الرجّالة يحمونها ان تقطّع وُضُنها ومع الرجّالة فرسان يحمونهم اذا ارادوا كتيبة دلفوا لها بفيل واتباعِه ليُنفروا بهم خيلَهم فلم يكن ذلك منهم كما كان بالامس لانّ الفيل اذا كان وحده ليس معه احد كان اوحش واذا اطافوا به كان آنس فكان القتال كذلك حتّى عدل النهار وكان يومُ عماس من اوله الى آخره شديدا العربُ والعجم فيه على السواء ولا يكون بينهم نُقْطة الّا تَعاورها الرجال بالاصوات حتى تبلغ يزدجردَ فيبعث اليهم اهل النجدات ممن بقى عنده

فيَقوون بهم واصبحت عنده للذى لَقِىَ بالامس الامداد على البُرُد فلولا الذى صنع الله للمسلمين بالذى ألهم القعقاعَ فى اليومين واتاح لهم بهاشم كسر ذلك المسلمين، كتب الىّ السرىّ عن شعيب عن سيف عن مجالِد عن الشَعْبى قال قال رجلان من بنى أَسَد يقال لهما الرِبّيل وحَمّال يا معشر المسلمين ايّ الموت اشدّ قالوا ان يُشَدّ على هذا الفيل فنزّقا فرسيهما حتى اذا قاما على السنابك ضرباهما على الفيل الذى بإزائهما فطعن احدهما فى عين الفيل فوطئ الفيل مَن خلفه وضرب الآخر مشفره فضربه سائس الفيل ضربة شائنة بالطَبَرْزين فى وجهه فافلت بها وهو الربيل وحمل القعقاع واخوه على الفيل الذى بازائهما ففقئا عينيه وقطعا مشفره فبقى متلدّدا بين الصفّين كلّما اتى صفّ المسلمين وخزوه واذا اتى صفّ المشركين نخسوه، كتب الىّ السرىّ عن شعيب عن سيف عن عمرو عن الشَعْبى قال كان فى الفيلة فيلان يعلّمان الفيلة فلما كان يوم القادسية حملوهما على القلب فأمر بهما سعدٌ القعقاعَ وعاصمًا

التميميّين وحَمّالا والرِبّيل الأَسَديّين فذكر مثل الاول الا انّ فيه وعاش بعدُ وصاح الفيلان صياح الخنزير ثم ولّى الاجرب الذى عُوّر فوثب فى العَتيق، فاتّبعته الفيلة فخرقت صفّ الاعاجم، فعبرت العتيق فى اثره فأتت المدائن فى توابيتها وهلك مَن فيها، كتب الىّ السرىّ عن شعيب عن سيف عن محمد وطلحة وزياد قالوا لما امسى الناس من يومهم ذلك وطعنوا فى الليل اشتدّ القتال وصبر الفريقان فخرجا على السواء ولم تسمع الّا الغَماغم من هؤلاء وهؤلاء فسمّيت ليلة الهَرير لم يكن قتال بليل بعدها بالقادسيّة، كتب الىّ السرىّ عن شعيب عن سيف عن الوَليد بن عبد الله بن ابى طَيبة عن ابيه قال حمل الناس ليلة الهرير عامّةً ولم ينتظروا بالحملة سعدا وكان اول من حمل القعقاع فقال اللهمّ آغفرها له وآنصره وقال وا تميماهْ سائرَ الليلة ثم قال ارى الامر ما فيه هذا، فاذا كبّرتُ ثلثا فآحملوا، فكبّر واحدةً فلحقهم أَسَد فقيل قد حملت اسد، فقال اللهمّ اغفرها لهم وانصرهم، وا أَسَداهْ سائر الليلة، ثم قيل حملت النَخَع

فقال اللهم اغفرها لهم وانصرهم وانَخَعاهْ سائر الليلة ثم قيل حملت بَجيلة. فقال اللهم اغفرها لهم وانصرهم وا بَجيلتاهْ ثم حملت الكُنود. فقيل حملت كِنْدة. فقال وا كِنْدتاهْ. ثم زحف الرؤساء بمن انتظر التكبيرة. فقامت حربهم على ساق حتى الصباح فذلك ليلة الهرير، كتب الىّ السرىّ عن شعيب عن سيف عن محمد بن نُويرة عن عمّه أَنَس بن الحُلَيْس قال شهدتُ ليلة الهرير فكان صليل الحديد فيها كصوت القيون ليلتَهم حتى الصباح أُفرِغ عليهم الصبر افراغا وبات سعد بليلة لم يَبت بمثلها وراى العرب والعجم امرًا لم يروا مثله قطّ وانقطعت الاصوات والاخبار عن رستم وسعد واقبل سعد على الدعاء حتى اذا كان وجه الصبح انتهى الناس فاستدلّ بذلك على انّهم الاعلَوْن وانّ الغلبة لهم، كتب الىّ السرىّ عن شعيب عن سيف عن عمرو بن محمد عن الأَعْوَر المِنْقَرى. قال اول شىء سمعه سعد ليلتئذ مما يستدِلّ به على الفتح فى نصف الليل الباقى صوت القعقاع ابن عمرو وهو يقول (من الرجز)

نحن قتلنا مَعْشَرا وزائدَا
اربعةً وخمسةً وواحِدا
نُحْسَبُ فوق اللِبَد الأَساودا
حتى اذا ماتوا دعوتُ جاهِدا
اللّهُ ربّى واحترزتُ عامِدا ۞

(ليلة القادسيّة) كتب الىّ السرىّ عن شعيب عن سيف عن محمد وطلحة وزياد قالوا واصبحوا ليلة القادسيّة وهى صُبْحة ليلة الهرير وهى تسمّى ليلة القادسيّة من بين تلك الايام والناس حَسْرَى لم يغمّضوا ليلتهم كلها فسار القعقاع فى الناس فقال ان الدَبْرة بعد ساعة لمن بدأ القوم فاصبروا ساعة واحملوا فان النصر مع الصبر فآثِروا الصبر على الجَزَع فاجتمع اليه جماعة من الرؤساء وصمدوا لرُستم حتى خالطوا الذين دونه مع الصبح ولما رات ذلك القبائل قام فيها رجال فقام قيس بن عبد يَغوث والاشعث ابن قيس وعمرو بن معدى كَرِب وابن ذى السَهْمَيْن الخَثْعَمى وابن ذى البُرْدَيْن الهِلالى فقالوا لا يكوننّ هؤلاء اجدّ فى امر الله منكم ولا يكوننّ هؤلاء لاهل

فارس اجرأ على الموت منكم ولا اسخى انفسا عن الدنيا تَنافَسوها فحملوا مما يليهم حتى خالطوا الذين بإزائهم وقام فى رَبيعة رجال فقالوا انتم اعلم الناس بفارس واجرأهم عليهم فيما مضى فما يمنعكم اليوم ان تكونوا اجرأ مما كنتم بالجُرْءة فكان اول من زال حين قام قائم الظهيرة الهُرْمُزان والبَيْرُزان فتأخّرا وثبتا حيث انتهيا وانفرج القلب حين قام قائم الظهيرة وركد عليهم النَقْع وهبّت ريح عاصف فقلعت طيّارة رستم عن سريره فهوت فى العتيق وهى دَبور ومال الغبار عليهم وانتهى القعقاع ومن معه الى السرير فعثروا به وقد قام رستم عنه حين طارت الريح بالطيّارة الى بغال قد قدمت عليه بمال يومئذ فهى واقفة فاستظلّ فى ظلّ بغل وحِمْله وضرب هِلال بن عُلَّفة الحمل الذى رستم تحته فقطع حباله ووقع عليه احد العدلين ولا يراه هلال ولا يشعر به فازال من ظهره فقارًا فنفحت أردانه مِسْكا ومضى رستم نحو العتيق فرمى بنفسه فيه واقتحمه هلال عليه فتناوله وقد عام وهلال قائم فأخذ برجله

ثم خرج به الى الجُدّ فضرب جبينه بالسيف حتى قتله ثم جاء به حتى رمى به بين ارجل البغال وصعد السرير ثم نادى قتلتُ رستم وربِّ الكعبة الىّ فاطافوا به وما يُحسّون السرير ولا يرونه وكبّروا وتنادوا وانبثّ قلب المشركين عندها وانهزموا وقام الجالِنوس على الردم ونادى اهلَ فارس الى العبور وانسفر الغبار فاما المقترنون فانهم جشعوا فتهافتوا فى العتيق فوخزهم المسلمون برماحهم فما افلت منهم مُخبِّر وهم ثلثون الفا واخذ ضِرار بن الخطّاب درَفْشِ كابيان فعُوّض منها ثلثين الفا وكانت قيمتها الف الف ومائتى الف وقتلوا فى المعركة عشرة آلاف سوى من قتلوا فى الايّام قبله ' كتب الىّ السرىّ عن شعيب عن سيف عن ابن مِخْراق عن ابى كعب الطائىّ عن ابيه قال أُصيب من الناس قبل ليلة الهرير الفان وخمسمائة وقُتل ليلة الهرير ويوم القادسيّة ستّة آلاف من المسلمين فدفنوا فى الخندق بحيال مُشرِّق ' كتب الىّ السرىّ عن شعيب عن سيف عن محمد وطلحة وزياد قالوا لما انكشف اهل فارس فلم يبق منهم بين الخندق

والعتيق احد وطبّقت القتلى ما بين قُدَيْس والعتيق امر سعد زُهْرة بإتباعهم فنادى زهرة فى المقدّمات وامر القعقاعَ بمن سفل وشُرَحْبيل بمن علا وامر خالدَ ابن عُرْفُطة بسَلْب القتلى وبدفن الشهداء فدُفن الشهداء شهداء ليلةِ الهرير ويومِ القادسيّة حول قُدَيْس الفان وخمسمائة وراء العتيق بحيال مُشرِّق ودُفن شهداء ما كان قبل ليلة الهرير على مُشرِّق وجمعت الاسلابُ والاموال فجمع منها شىء لم يجمع قبله ولا بعده مثله وارسل سعد الى هلال فدعى له فقال اين صاحبك قال رميتُ به تحت ابغل قال اذهب فجئْ به فذهب فجاء به فقال جرّدْه الا ما شئتَ فأخذ سلبه فلم يدع عليه شيئًا ولما رجع القعقاع وشرحبيل قال لهذا آغد فيما طلب هذا وقال لهذا اغد فيما طلب هذا فعلا هذا وسفل هذا حتى بلغا مقدار الخرّارة من القادسية وخرج زُهرة بن الحَوِيّة فى آثارهم وانتهى الى الردم وقد بثقوه ليمنعوهم به من الطلب فقال زهرة يا بُكَيْر أَقدِم فضرب فرسه وكان يقاتل على الإناث فقال

ثِبِى أَطْلالُ فتجمّعت وقالت وَثْبًا وسورةِ البَقَرة واوثب زهرةُ وكان على حصان وسائرُ الخيل فاقتحمته وتتابع على ذلك ثلثمائة فارس ونادى زهرة حيث كاعت الخيل خذوا ايها الناس على القنطرة وعارِضونا فمضى ومضى الناس الى القنطرة يتّبعونه فلحق بالقوم والجالِنوس فى آخِرهم يحميهم فشاوله زهرة فاختلفا ضربتين فقتله زهرة واخذ سلبه وقتلوا ما بين الخرّارة الى السَيْلَحين الى النَجَف وامسوا فرجعوا فباتوا بالقادسيّة ◎

*(من كتاب
وفيات الاعيان وأنباء ابناء الزمان
لابن خَلِّكان)*

* (سِيبَوَيْهِ) *

ابو بِشْر عَمْرو بن عُثْمان بن قُنْبَر الملقب سيبويه مولى بنى الحٰرِث بن كَعْب. وقيل آل الرَبيع بن زِياد

الحارثى. كان اعلم المتقدمين والمتاخرين بالنحو ولم يوضع فيه مثل كتابه وذكره الجاحظ يوما فقال لم يكتب الناس فى النحو كتابا مثله وجميع كتب الناس عليه عيال. وقال الجاحظ اردت الخروج الى محمد ابن عبد الملك الزّيّات وزير المعتصِم ففكرت فى شيء اهديه له فلم اجد شيئًا اشرف من كتاب سيبويه فلما وصلت اليه قلت له لم اجد شيئًا اهديه لك مثل هذا الكتاب وقد اشتريته من ميراث الفَرّاء. فقال والله ما اهديت لى شيئًا احب الى منه. ورايت فى بعض التواريخ ان الجاحظ لما وصل الى ابن الزيات بكتاب سيبويه اعلمه به قبل احضاره فقال له ابن الزيات اوظننت ان خزانتنا خالية من هذا الكتاب فقال الجاحظ ما ظننت ذلك ولكنها بخطّ الفراء ومقابلة الكِسائى وتهذيب عمرو بن بَحْر الجاحظ يعنى نفسه. فقال ابن الزيات هذه اجل نسخة توجد واعزها فاحضرها اليه فسر بها ووقعت منه اجمل موقع. واخذ سيبويه النحو عن الخَليل بن أَحْمَد المقدم ذكره وعن عِيسَى بن عُمَر ويُونُس بن حَبيب وغيرهم

واخذ اللغة عن ابى الخَطّاب المعروف بالأَخْفَش الاكبر وغيره. وقال ابن النَطّاح: كنت عند الخليل بن احمد فاقبل سيبويه فقال الخليل مرحبا بزائر لا يمل. قال ابو عمرو المخزومى: وكان كثير المجالسة للخليل. ما سمعت الخليل يقولها لاحد الا لسيبويه. وكان قد ورد الى بغداد من البصرة والكسائى يومئذ يعلم الأَمين بن هرُون الرَشيد فجمع بينهما وتناظرا وجرى مجلس يطول شرحه وزعم الكسائى ان العرب تقول كنت اظن الزنبور اشد لسعا من النحلة فاذا هو اياها. فقال سيبويه: ليس المثل كذا بل فاذا هو هى. وتشاجرا طويلا واتفقا على مراجعة عربى خالص لا يشوب كلامه شىء من كلام اهل الحضر وكان الامين شديد العناية بالكسائى لكونه معلمه. فاستدعى عربيا وساله فقال كما قال سيبويه. فقال له: نريد ان تقول كما قال الكسائى فقال ان لسانى لا يطاوعنى على ذلك فانه ما يسبق الا الى الصواب. فقرروا معه ان شخصا يقول: قال سيبويه كذا وقال الكسائى كذا. فالصواب مع من منهما فيقول العربى مع الكسائى. فقال: هذا يمكن. ثم عقد لهما المجلس

واجتمع ائمة هذا الشان وحضر العربى وقيل له ذلك فقال الصواب مع الكسائى وهو كلام العرب فعلم سيبويه انهم تحاملوا عليه وتعصبوا للكسائى فخرج من بغداد وقد حمل فى نفسه لما جرى عليه وقصد بلاد فارس فتوفى بقرية من قرى شيراز يقال لها البَيْضاء فى سنة ١٨٠ وقيل سنة ٧٧ وعمره نيف واربعون سنة وقال ابن قانع بل توفى بالبصرة سنة ١٦١ وقيل ٨٨ وقال الحافظ ابو الفَرَج ابن الجَوْزى توفى سنة ١٩٤ وعمره اثنتان وثلثون سنة وانه توفى بمدينة ساوَه وذكر الخَطيب فى تاريخ بغداد عن ابن دُريد انه قال مات سيبويه بشيراز وقبره بها والله اعلم وقيل ان ولادته كانت بالبيضاء المذكورة لا وفاته قال ابو سَعيد الطُوَال رايت على قبر سيبويه هذه الابيات مكتوبة وهى لسُلَيْمان بن يَزيد العدوى (من الكامل)

ذهب الاحبة بعد طول تزاور
ونأى المزار فاسلموك واقشعوا
تركوك اوحش ما تكون بقفرة
لم يؤنسوك وكربة لم يدفعوا

وقضى القضاء وصرت صاحب حفرة
عنك الاحبة اعرضوا وتصدعوا

وقال مُعْوِيَة بن بَكْر العُلَيمى وقد ذكر عنده سيبويه رايته وكان حديث السن وكنت اسمع فى ذلك العصر انه اثبت من حمل عن الخليل بن احمد وقد سمعته يتكلم ويناظر فى النحو وكانت فى لسانه حبسة ونظرت فى كتابه فقلمه ابلغ من لسانه وقال ابو زَيْد الأَنْصارى كان سيبويه غلاما ياتى مجلسى وله ذُؤابتان فاذا سمعته يقول حدثنى من اثق بعربيته فانما يعنينى وكان سيبويه كثيرا ما ينشد (من الطويل)

اذا بلّ من داء به ظن انه
نجا وبه الداء الذى هو قاتِلُهْ

وسيبويه بكسر السين المهملة وسكون الياء المثناة من تحتها وفتح الباء الموحدة والواو وسكون الياء الثانية وبعدها هاء ساكنة ولا يقال بالتاء البتة وهو لقب فارسى هكذا يضبط اهل العربية هذا الاسم ونظائره مثل نِفْطويه وعَمْرويه وغيرهما والعجم يقولون سِيبُوَيه بضم الباء الموحدة وسكون الواو وفتح الياء المثناة من تحتها

* (البُخَارِىّ) *

ابو عبد الله محمد بن ابى الحسن إسْمٰعِيل بن إبْرٰهِيم بن المُغِيرة بن الأَحْنَف يَزْدِبَه وقال ابن ماكُولا هو يَزْدِزْبَه الجُعْفى بالولاء البخارى الحافظ الامام فى علم الحديث صاحب الجامع الصحيح والتاريخ رحل فى طلب الحديث الى اكثر محدثى الامصار وكتب بخُراسان والجِبال ومدن العِراق والحِجاز والشأم ومِصْر وقدم بغداد واجتمع اليه اهلها واعترفوا بفضله وشهدوا بتفرده فى علم الرواية والدراية وحكى ابو عبد الله الحُميدى فى كتاب جذوة المقتبس والخَطيب فى تاريخ بغداد ان البخارى لما قدم بغداد سمع به اصحاب الحديث فاجتمعوا وعمدوا الى مائة حديث فقلبوا متونها واسانيدها وجعلوا متن هذا الاسناد لاسناد اخر ودفعوا الى عشرة انفس الى كل رجل عشرة احاديث وامروهم اذا حضروا المجلس يلقون ذلك على البخارى واخذوا الموعد للمجلس فحضر المجلس جماعة من اصحاب الحديث من الغرباء من اهل خراسان وغيرها من البغداديين فلما اطمان

المجلس باهله انتدب اليه واحد من العشرة فساله عن حديث من تلك الاحاديث فقال البخارى لا اعرفه فساله عن اخر فقال لا اعرفه فما زال يلقى عليه واحدا بعد واحد حتى فرغ من عشرته والبخارى يقول لا اعرفه فكان الفقهاء ممن حضر المجلس يلتفت بعضهم الى بعض ويقولون الرجل فهم ومن كان منهم ضد ذلك يقضى على البخارى بالعجز والتقصير وقلة الفهم ثم انتدب رجل اخر من العشرة فساله عن حديث من تلك الاحاديث المقلوبة فقال البخارى لا اعرفه فساله عن الاخر فقال لا اعرفه فلم يزل يلقى عليه واحدا بعد واحد حتى فرغ من عشرته والبخارى يقول لا اعرفه ثم انتدب الثالث والرابع الى تمام العشرة حتى فرغوا كلهم من الاحاديث المقلوبة والبخارى لا يزيدهم على قوله لا اعرفه فلما علم البخارى انهم فرغوا التفت الى الاول منهم فقال اما حديثك الاول فهو كذا وحديثك الثانى فهو كذا والثالث والرابع على الولاء حتى اتى على تمام العشرة فرد كل متن الى اسناده وكل اسناد الى متنه وفعل بالاخرين كذلك ورد متون الاحاديث

كلها الى اسانيدها واسانيدها الى متونها فاقر له الناس بالحفظ واذعنوا له بالفضل وكان ابن صاعد اذا ذكره يقول الكبش النطاح ونقل عنه محمد بن يوسُف الفِرَبْرى انه قال ما وضعت فى كتابى الصحيح حديثا الا اغتسلت قبل ذلك وصليت ركعتين وعنه انه قال صنفت كتابى الصحيح لِسِتّ عشرة سنة خرجته من ستمائة الف حديث وجعلته حجة فيما بينى وبين الله وقال الفربرى سمع صحيح البخارى تسعون الف رجل فما بقى احد يروى عنه غيرى وروى عنه ابو عِيسَى التِرْمِذى، وكانت ولادته يوم الجمعة بعد الصلوة لثلث عشرة ليلة خلت من شوال سنة ١٩٤ وقال ابو يَعْلَى الخَليلى فى كتاب الإرشاد ان ولادته كانت لاثنتى عشرة ليلة خلت من الشهر المذكور وتوفى ليلة السبت بعد صلوة العشاء وكانت ليلة عيد الفطر ودفن يوم الفطر بعد صلوة الظهر سنة ٢٥٦ بخَرْتَنْك رحمه الله تعالى وذكر ابن يونُس فى تاريخ الغرباء انه قدم مصر وتوفى بها وهو غلط والصواب ما ذكرناه هاهنا. وكان خالد بن احمد بن خالد الذُهْلى امير خراسان قد اخرجه من بُخارا الى

خرتنك ثم حج خالد المذكور فوصل الى بغداد فحبسه الموفَّق بن المتوكِّل اخو المعتمِد الخليفة فمات فى حبسه وكان البخارى نحيف الجسم لا بالطويل ولا بالقصير، وقد اختلف فى اسم جده فقيل انه يَزْذِبه بفتح الياء المثناة من تحتها وسكون الزاء وكسر الذال المعجمة وبعدها باء موحدة ثم هاء ساكنة وقال ابو نصر ابن ماكولا فى كتاب الإكمال هو يزدزبه[1] بدال وزاء وباء معجمة بواحدة والله اعلم وقال غيره كان هذا الجد مجوسيا مات على دينه واول من اسلم منهم المغيرة ووجدته فى موضع اخر عوض يزذبه الاحنف ولعل يزذبه كان احنف الرجل. والبخارى بضم الباء الموحدة وفتح الخاء المعجمة وبعد الالف راء هذه النسبة الى بخارا وهى من اعظم مدن ما وراء النهر بينها وبين سَمَرْقَنْد مسافة ثمانية ايام. وخَرْتَنْك بفتح الخاء المعجمة وسكون الراء وفتح التاء المثناة من فوقها وسكون النون وبعدها كاف. وهى قرية من قرى سمرقند وقد سبق الكلام على الجعفى ونسبة البخارى الى

[1] الصواب فيه بَرْدِزْبَه

سعيد بن جَعْفَر الجُعْفى والى خراسان وكان له عليهم الولاء فنسبوا اليه ۞

* (ابن إسْحٰق صاحب المغازى والسير) *

ابو بَكْر وقيل ابو عبد الله محمد بن اسحق بن يَسار المُطَّلِبى بالولاء المَدِينى صاحب المغازى والسير كان جده يسار مولى قَيْس بن مَخْرَمة بن المُطَّلِب بن عبد مَناف القُرَشى سباه خالد بن الوَليد من عَيْن التَمْر وكان محمد المذكور ثبتا فى الحديث عند اكثر العلماء واما فى المغازى والسير فلا تجهل امامته قال ابن شِهاب الزُهْرى من اراد المغازى فعليه بابن اسحق وذكره البُخارى فى تاريخه وروى عن الشافعى رضه انه قال من اراد ان يتبحر فى المغازى فهو عيال على ابن اسحق وقال سُفْيان ابن عُيَيْنة ما ادركت احدا يتهم ابن اسحق فى حديثه وقال شُعْبة بن الحَجّاج محمد بن اسحق امير المؤمنين يعنى فى الحديث ويحكى عن الزهرى انه خرج الى قرية له فاتبعه طلاب الحديث فقال لهم اين انتم عن الغلام الاحول او قد خلفت فيكم

الغلام الاحول يعنى ابن اسحق وذكر الساجِى ان اصحاب الزهرى كانوا يلجؤن الى محمد بن اسحق فيما شكوا فيه من حديث الزهرى ثقة منهم بحفظه وحكى عن يَحْيَى بن مَعين وأَحْمَد بن حَنْبَل ويحيى ابن سَعيد القَطّان انهم وثقوا محمد بن اسحق واحتجوا بحديثه وانما لم يخرج البخارى عنه وقد وثقه وكذلك مُسْلِم بن الحَجّاج لم يخرج عنه الا حديثا واحدا فى الرجم من اجل طعن مالك بن أَنَس فيه وانما طعن مالك فيه لانه بلغه عنه انه قال هاتوا حديث مالك فانا طبيب بعلله فقال مالك وما ابن اسحق انما هو دجال من الدجاجلة نحن اخرجناه من المدينة يشبر والله اعلم الى ان الدجال لا يدخل المدينة وكان محمد بن اسحق قد اتى ابا جَعْفَر المنصور وهو بالحِيرة فكتب له المغازى فسمع منه اهل الكُوفة بذلك السبب وكان يروى عن فاطمة بنت المُنْذِر بن الزُبَيْر وهى امراة هِشام بن عُرْوة ابن الزُبير فبلغ ذلك هشاما فانكره وقال اهو كان يدخل على امراتى وحكى الخَطيب ابو بكر احمد بن

عَلِىّ بن ثابت فى تاريخ بغداد ان محمد بن اسحق راى أَنَس بن مالك رضه وعليه عمامة سوداء والصبيان خلفه يشتدون ويقولون هذا رجل من اصحاب رسول الله صلعم لا يموت حتى يلقى الدجال، وتوفى محمد ابن اسحق ببغداد سنة ١٥١ وقيل سنة ٥٠ وقيل سنة ٥٢ وقال خَليفة بن خَيّاط سنة ٥٣ وقيل ٤٤ والله اعلم والاول اصح رحمه الله تعالى ودفن فى مقبرة الخَيْزُران بالجانب الشرقى وهى منسوبة الى الخيزران ام هٰرُون الرَشيد واخيه الهادِى وانما نسبت اليها لانها مدفونة بها وهذه المقبرة اقدم المقابر التى بالجانب الشرقى، ومن كتبه اخذ عبد المَلِك بن هِشام سيرة الرسول صلعم وكذلك كل من تكلم فى هذا الباب فعليه اعتماده واليه اسناده ۞

* (ابو العَلاء المَعَرّى) *

ابو العلاء احمد بن عبد الله بن سُلَيْمان التَنُوخى المعرّى اللغوى الشاعر كان متضلعا من فنون الادب قرأ النحو واللغة على ابيه بالمعرّة وعلى

محمد بن عبد الله بن سَعْد النحوى بحَلَب وله التصانيف الكثيرة المشهورة والرسائل الماثورة وله من النظم لزوم ما لا يلزم وهو كبير يقع فى خمسة اجزاء او ما يقاربها وله سقط الزند ايضا وشرحه بنفسه وسماه ضوء السقط وبلغنى ان له كتابا سماه الايك والغصون وهو المعروف بالهمزة والردف يقارب المائة جزء فى الادب ايضا وحكى لى من وقف على المجلد الاول بعد المائة من كتاب الهمزة والردف وقال لا اعلم ما كان يعوزه بعد هذا المجلد وكان علّامة عصره واخذ عنه ابو القاسم عَلىّ بن المحسِّن التنوخى والخَطيب ابو زَكَرِيّاء التِبْريزى وغيرهما، وكانت ولادته يوم الجمعة عند مغيب الشمس لثلث بقين من شهر ربيع الاول سنة ٣٦٣ بالمعرة وعمى من الجدرى اول سنة ٦٧ غشى يمنى عينيه بياض وذهبت اليسرى جملة قال الحافظ السِلَفى اخبرنى ابو محمد عبد الله بن الوَليد الإيادى انه دخل مع عمه على ابى العلاء يزوره فرآه قاعدا على سجادة لبد وهو شيخ قال فدعا لى ومسح على راسى وكنتُ

صبيا قال وكانى انظر اليه الساعة والى عينيه احداهما نادرة والاخرى غائرة جدا وهو مجدر الوجه نحيف الجسم ولما فرغ من تصنيف كتاب اللامع العزيزى فى شرح شعر المتنبّى وقرئ عليه اخذ الجماعة فى وصفه فقال ابو العلاء كانما نظر المتنبّى الى بلحظ الغيب حيث يقول (من البسيط)

انا الذى نظر الاعمى الى أدبى

واسمعتْ كلماتى من به صممُ

واختصر ديوان ابى تَمّام وشرحه وسماه ذكرى حَبيب[١] وديوان البُحْتُرى وسماه عبث الوليد[٢] وديوان المتنبى وسماه معجز احمد[٣] وتكلم على غريب اشعارهم ومعانيها ومآخذهم من غيرهم وما اخذ عليهم وتولى الانتصار لهم والنقد فى بعض المواضع عليهم والتوجيه فى اماكن لخطأهم ودخل بغداد سنة ٣٩٨ ودخلها ثانيا

---

١ اشارةً الى اسم ابى تمام وهو حبيبُ بن أَوس الطائى
٢ اشارة الى اسم صاحب الديوان وهو الوليد بن عُبيد وهو من طَيِّء ايضا
٣ مشيراً الى اسم الشاعر وهو احمد بن الحسين

سنة ٩٩ واقام بها سنة وسبعة اشهر ثم رجع الى المعرة ولزم منزله وشرع فى التصنيف واخذ عنه الناس وسار اليه الطلبة من الآفاق وكاتبه العلماء والوزراء واهل الاقدار وسمى نفسه رهين المحبسين للزومه منزله ولذهاب عينيه ومكث مدة خمس واربعين سنة لا ياكل اللحم تدينا لانه كان يرى راى الحكماء المتقدمين وهم لا ياكلونه كى لا يذبحوا الحيوان ففيه تعذيب له وهم لا يرون بالايلام مطلقا فى جميع الحيوانات وعمل الشعر وهو ابن احدى عشرة سنة ومن شعره فى اللزوم قوله (من الكامل)

لا تطلبنّ بآلة لك رتبةً
قلمُ البليغ بغير جدّ مغزلُ
سكن السماكان السماءَ كلاهما
هذا له رمحٌ وهذا اعزلُ

وتوفى يوم الجمعة ثالث وقيل ثانى شهر ربيع الاول وقيل ثالث عشرهْ سنة ٤٤٩ بالمعرة وبلغنى انه اوصى ان يكتب على قبره هذا البيت (من الكامل)

هذا جناه ابى علىّ وما جنيتُ على احدْ

وهو ايضا متعلق باعتقاد الحكماء فانهم يقولون ايجاد الولد واخراجه الى هذا العالم جناية عليه لانه يتعرض للحوادث والآفات وكان مرضه ثلاثة ايام ومات فى اليوم الرابع ولم يكن عنده غير بنى عمه فقال لهم فى اليوم الثالث اكتبوا عنى فتناولوا الدوىّ والاقلام فاملى عليهم غير الصواب فقال القاضى ابو محمد عبد الله التنوخى احسن الله عزاءكم فى الشيخ فانه ميت فمات ثانى يوم ولما توفى رثاه تلميذه ابو الحَسَن عَلىّ بن هَمّام بقوله (من الكامل)

ان كنتَ لم ترق الدماء زهادةً
فلقد ارقتَ اليوم من جفنى دما
سَيَّرْتَ ذكرك فى البلاد كانه
مسك يضمّخ منه سمعا او فما
وأَرَى الحجيج اذا ارادوا ليلة
ذِكْرَاك اخرج فدية مَنْ أَحْرَما

وقد اشار فى البيت الاول الى ما كان يعتقده وَيَتَدَيَّنُ به من عدم الذبح كما تقدم ذكره وقبره فى ساحة من دور اهله وعلى الساحة باب صغير قديم وهو

على غاية ما يكون من الاهمال وترك القيام بمصالحه واهله لا يحتفلون به ' والتَّنُوخِى بفتح التاء المثناة من فوقها وضم النون المخففة وبعد الواو خاء معجمة وهذه النسبة الى تنوخ وهو اسم لعدة قبائل اجتمعوا قديما بالبَحْرَيْن وتحالفوا على التناصر واقاموا هناك فسموا تنوخا والتنوخ الاقامة وهذه القبيلة احدى القبائل الثلاث التى هى نصارى العرب وهم بَهْراء وتنوخ وتَغْلِب. والمعرّى بفتح الميم والعين المهملة وتشديد الراء وهذه النسبة الى معرّة النُعْمان وهى بلدة صغيرة بالشام بالقرب من حَماة وشَيْزَر وهى منسوبة الى النعمان بن بَشير الانصارى رضه فانه تديرها فنسبت اليه ۞

* (الحَرِيرىّ صاحب المقامات) *

ابو محمد القاسم بن عَلىّ بن محمد بن عُثْمان الحريرى البَصْرى الحَرامى صاحب المقامات كان احد ائمة عصره ورزق الحظوة التامة فى عمل المقامات واشتملت على شىء كثير من كلام العرب من لغاتها

وامثالها ورموز اسرار كلامها ومن عرفها حق معرفتها استدل بها على فضل هذا الرجل وكثرة اطلاعه وغزارة مادته وكان سبب وضعه لها ما حكاه ولده ابو القاسم عبد الله قال كان ابى جالسا فى مسجده ببنى حَرام فدخل شيخ ذو طمرين عليه اهبة السفر رث الحال فصيح الكلام حسن العبارة فسالته الجماعة من اين الشيخ فقال من سَرُوج فاستخبروه عن كنيته فقال ابو زَيْد فعمل ابى المقامة المعروفة بالحرامية وهى الثامنة والاربعون وعزاها الى ابى زيد المذكور واشتهرت فبلغ خبرها الوزير شَرَف الدِين ابا نَصْر أَنُوشَرْوان بن خالد بن محمد القاسانى وزير الامام المسترشِد بالله فلما وقف عليها اعجبته واشار على والدى ان يضم اليها غيرها فاتمها خمسين مقامة والى الوزير المذكور اشار الحريرى فى خطبة المقامات بقوله فاشار من اشارته حكم وطاعته غنم الى ان انشئ مقامات اتلو فيها تلو البديع وان لم يدرك الظالع شأو الضليع هكذا وجدته فى عدة تواريخ ثم رايت فى بعض شهور

سنة ٩٥٩ بالقاهرة المحروسة نسخة مقامات وجميعها بخط مصنفها الحريرى وقد كتب بخطه ايضا على ظهرها انه صنفها للوزير جَمال الدِين عَميد الدَوْلة ابى علىّ الحَسَن بن ابى العِزّ على بن صَدَقة وزير المسترشد ايضا ولا شك ان هذا اصح من الرواية الاولى لكونه بخط المصنف وتوفى الوزير المذكور فى رجب سنة ٥٢٢، فهذا كان مستنده فى نسبتها الى ابى زيد السروجى وذكر القاضى الأَكْرَم جمال الدين ابو الحسن على بن يوسُف الشَيْبانى القِفْطى وزير حَلَب فى كتابه الذى سماه أنباء الرواة فى ابناء النحاة ان ابا زيد المذكور اسمه المطهَّر بن سَلّام[1] وكان بصريا نحويا صحب الحريرى المذكور واشتغل عليه بالبصرة وتخرج به وروى عنه وروى القاضى ابو الفَتْح محمد بن احمد ابن المَنْدائىّ الواسطى عنه ملحة الإعراب للحريرى وذكر انه سمعها منه عن الحريرى وقال قدم علينا واسط فى سنة ٥٣٨ فسمعتها منه وتوجه منها مصعدا الى بغداد فوصلها واقام بها مدة يسيرة وتوفى بها رحمه الله تعالى وكذا ذكر

١ وقيل المطهر بن سلار

السَمْعانى فى الذيل والعِماد فى الخريدة وقال لقبه فَخْر الدِين وتولى صدرية المَشان ومات بها بعد سنة ٥٤٠، واما تسميته الراوى لها بالحُرِث بن هَمّام فانما عنى به نفسه هكذا وقفت عليه فى بعض شروح المقامات وهو ماخوذ من قوله صلعم كلّكم حارث وكلكم همام فالحارث الكاسب والهمام الكثير الاهتمام، وما من شخص الا وهو حارث وهمام لان كل واحد كاسب ومهتم باموره، وقد اعتنى بشرحها خلق كثير فمنهم من طول ومنهم من اختصر، ورايت فى بعض المجاميع ان الحريرى لما عمل المقامات كان قد عملها اربعين مقامة وحملها من البصرة الى بغداد وادعاها فلم يصدقه فى ذلك جماعة من ادباء بغداد وقالوا انها ليست من تصنيفه بل هى لرجل مغربى من اهل البلاغة مات بالبصرة ووقعت اوراقه اليه فادعاها فاستدعاه الوزير الى الديوان وساله عن صناعته فقال انا رجل منشئ فاقترح عليه انشاء رسالة فى واقعة عينها فانفرد فى ناحية من الديوان واخذ الدواة والورقة ومكث

زمانا كثيرا فلم يفتح الله سبحانه عليه بشىء من ذلك فقام وهو خجلان وكان فى جملة من انكر دعواه فى عملها ابو القٰسِم علىّ بن أَفْلَح الشاعر فلما لم يعمل الحريرى الرسالة التى اقترحها الوزير انشد ابن افلح وقيل ان هذين البيتين لابى محمد بن احمد المعروف بابن جَكِينا الحَرِيمى البغدادى الشاعر المشهور (من المنسرِح)

شَيْخٌ لَنَا مِنْ رَبِيعَةَ ٱلْفَرَسِ
يَنْتِفُ عُثْنُونَهُ مِنَ ٱلْهَوَسِ
أَنْطَقَهُ الله بِٱلْمِشَانِ كَمَا
رَمَاهُ وَسْطَ الدِّيوَانِ بِالْخَرَسِ

وكان الحريرى يزعم انه من ربيعة الفرس وكان مولعا بنتف لحيته عند الفكرة وكان يسكن فى مشان البصرة فلما رجع الى بلده عمل عشر مقامات اخر وسيرهن واعتذر من عيه وحصره فى الديوان بما لحقه من المهابة ' وللحريرى تواليف حسان منها "درة الغواص" فى اوهام الخواص ومنها "ملحة الاعراب" المنظومة فى النحو وله ايضا شرحها وله ديوان رسائل وشعر

كثير غير شعره الذى فى المقامات وله قصائد استعمل فيها التجنيس كثيرا ٬ ويحكى انه كان دميما قبيح المنظر فجاءه شخص غريب يزوره وياخذ عنه شيًا فلما راه استزرى شكله ففهم الحريرى ذلك منه فلما التمس منه ان يملى عليه قال له اكتب (من البسيط)

ما انت اولُ سارٍ غرّه قمرْ
ورائد اعجبته خضرة الدمنِ
فاختر لنفسك غيرى اننى رجل
مثل المُعَيْدىّ فٱسمع بى ولا ترنى

فخجل الرجل منه وانصرف ٬ وكانت ولادة الحريرى فى سنة ٤٤٦ وتوفى سنة ١٦ وقيل ٥١٥ بالبصرة فى سكة بنى حرام وخلف ولدين وقال ابو المنصور ابن الجَوالِيقى اجازنى المقامات نجم الدين عبد ٱلله وقاضى قضاة البصرة ضياء الإسلام عُبيد الله عن ابيهما منشئها ٬ ونسبته بالحرامى الى هذه السكة رحمه الله تعالى وهى بفتح الحاء المهملة والراء وبعد الالف ميم وبنو حرام قبيلة من العرب سكنوا فى هذه السكة فنسبت اليهم والحريرى نسبة الى

الحرير وعمله او بيعه والمشان بفتح الميم والشين المعجمة وبعد الالف نون بليدة فوق البصرة كثيرة النخل موصوفة بشدة الوخم وكان اصل الحريرى منها ويقال انه كان له بها ثمانية عشر الف نخلة وانه كان من ذوى اليسار والمعيدى بضم الميم وفتح العين المهملة وسكون الياء المثناة من تحتها وبعدها دال مهملة مكسورة وياء مشددة وقد جاء فى المثل تَسْمَعُ بالمعيدى لا أَن تَراه وجاء ايضا تَسْمَعُ بالمعيدى خير مِن ان تراه وقال المفضَّل الضَّبّى اول من تكلم به المُنْذِر ابن ماء السَماء قاله لشِقّة بن ضَمْرة التَميمى الدارمى وكان قد سمع بذكره فلما راه اقتحمته عينه فقال له هذا المثل وسار عنه فقال له شقة ابيت اللعن ان الرجال ليسوا بجزر يراد منها الاجسام انما المرء باصغريه قلبه ولسانه فاعجب المنذر ما راى من عقله وبيانه وهذا المثل يضرب لمن له صيت وذكر ولا منظر له والمعيدى منسوب الى مَعَدّ بن عَدْنان وقد نسبوه بعد ان صغروه وخففوا منه الدال ۞

* (من القُرْآن) *

* (سُورَةُ فاتِحَةِ الكِتابِ ١) *

مكّيّة وآيها سبع آيات

بِسْمِ ٱللَّهِ ٱلرَّحْمٰنِ ٱلرَّحِيمِ

(١) اَلْحَمْدُ لِلَّهِ رَبِّ ٱلْعَالَمِينَ (٢) ٱلرَّحْمٰنِ ٱلرَّحِيمِ
(٣) مَالِكِ يَوْمِ ٱلدِّينِ (٤) إِيَّاكَ نَعْبُدُ وَإِيَّاكَ نَسْتَعِينُ
(٥) اِهْدِنَا ٱلصِّرَاطَ ٱلْمُسْتَقِيمَ (٦) صِرَاطَ ٱلَّذِينَ
أَنْعَمْتَ عَلَيْهِمْ (٧) غَيْرِ ٱلْمَغْضُوبِ عَلَيْهِمْ وَلَا ٱلضَّالِّينَ ۝

* (سُورَةُ الإِخْلاصِ ١١٢) *

مختلَف فيها وآيها اربع آيات

بِسْمِ ٱللَّهِ ٱلرَّحْمٰنِ ٱلرَّحِيمِ

(١) قُلْ هُوَ ٱللَّهُ أَحَدٌ (٢) اَللَّهُ ٱلصَّمَدُ (٣) لَمْ يَلِدْ
وَلَمْ يُولَدْ (٤) وَلَمْ يَكُنْ لَهُ كُفُوًا أَحَدٌ ۝

* (سُورةُ الكافِرون ١٠٩) *

مكّيّة وآيها ستّ آيات

بِسْمِ ٱللَّهِ ٱلرَّحْمٰنِ ٱلرَّحِيمِ

(١) قُلْ يَا أَيُّهَا ٱلْكَافِرُونَ (٢) لَا أَعْبُدُ ما تَعْبُدُونَ (٣) وَلَا أَنْتُمْ عَابِدُونَ مَا أَعْبُدُ (٤) وَلَا أَنَا عَابِدٌ مَا عَبَدْتُمْ (٥) وَلَا أَنْتُمْ عَابِدُونَ مَا أَعْبُدُ (٦) لَكُمْ دِينُكُمْ وَلِيَ دِينِ ۞

* (من سورة الأَنْعامِ ٦) *

مكّيّة غيرَ ستّ آيات او ثلث وآيها مائة وخمس وستّون آية

(٩٥) إِنَّ ٱللَّهَ فَالِقُ ٱلْحَبِّ وَٱلنَّوَى يُخْرِجُ ٱلْحَيَّ مِنَ ٱلْمَيِّتِ وَمُخْرِجُ ٱلْمَيِّتِ مِنَ ٱلْحَيِّ ذٰلِكُمُ ٱللَّهُ فَأَنَّى تُؤْفَكُونَ (٩٦) فَالِقُ ٱلْإِصْبَاحِ وَجَاعِلُ ٱللَّيْلِ سَكَنًا وَٱلشَّمْسَ وَٱلْقَمَرَ حُسْبَانًا ذٰلِكَ تَقْدِيرُ ٱلْعَزِيزِ ٱلْعَلِيمِ (٩٧) وَهُوَ ٱلَّذِي جَعَلَ لَكُمُ ٱلنُّجُومَ لِتَهْتَدُوا بِهَا فِي ظُلُمَاتِ ٱلْبَرِّ وَٱلْبَحْرِ قَدْ فَصَّلْنَا ٱلْآيَاتِ لِقَوْمٍ يَعْلَمُونَ (٩٨) وَهُوَ ٱلَّذِي أَنْشَأَكُمْ مِنْ نَفْسٍ وَاحِدَةٍ فَمُسْتَقَرٌّ وَمُسْتَوْدَعٌ قَدْ فَصَّلْنَا ٱلْآيَاتِ لِقَوْمٍ يَفْقَهُونَ

(٩٩) وَهُوَ ٱلَّذِىٓ أَنْزَلَ مِنَ ٱلسَّمَآءِ مَآءً فَأَخْرَجْنَا بِهِۦ نَبَاتَ كُلِّ شَىْءٍ فَأَخْرَجْنَا مِنْهُ خَضِرًا نُّخْرِجُ مِنْهُ حَبًّا مُّتَرَاكِبًا وَمِنَ ٱلنَّخْلِ مِنْ طَلْعِهَا قِنْوَانٌ دَانِيَةٌ وَجَنَّاتٍ مِّنْ أَعْنَابٍ وَٱلزَّيْتُونَ وَٱلرُّمَّانَ مُشْتَبِهًا وَغَيْرَ مُتَشَابِهٍ ٱنْظُرُوٓا إِلَىٰ ثَمَرِهِۦٓ إِذَآ أَثْمَرَ وَيَنْعِهِۦٓ إِنَّ فِى ذَٰلِكُمْ لَآيَاتٍ لِّقَوْمٍ يُؤْمِنُونَ (١٠٠) وَجَعَلُوا لِلَّهِ شُرَكَآءَ ٱلْجِنَّ وَخَلَقَهُمْ وَخَرَقُوا لَهُۥ بَنِينَ وَبَنَاتٍ بِغَيْرِ عِلْمٍ سُبْحَانَهُۥ وَتَعَالَىٰ عَمَّا يَصِفُونَ (١٠١) بَدِيعُ ٱلسَّمَٰوَاتِ وَٱلْأَرْضِ أَنَّىٰ يَكُونُ لَهُۥ وَلَدٌ وَلَمْ تَكُنْ لَّهُۥ صَاحِبَةٌ وَخَلَقَ كُلَّ شَىْءٍ وَهُوَ بِكُلِّ شَىْءٍ عَلِيمٌ (١٠٢) ذَٰلِكُمُ ٱللَّهُ رَبُّكُمْ لَآ إِلَٰهَ إِلَّا هُوَ خَالِقُ كُلِّ شَىْءٍ فَٱعْبُدُوهُ وَهُوَ عَلَىٰ كُلِّ شَىْءٍ وَكِيلٌ (١٠٣) لَّا تُدْرِكُهُ ٱلْأَبْصَارُ وَهُوَ يُدْرِكُ ٱلْأَبْصَارَ وَهُوَ ٱللَّطِيفُ ٱلْخَبِيرُ ۝

* (آيَةُ الكُرْسِيّ ٢:٢٥٦) *

ٱللَّهُ لَآ إِلَٰهَ إِلَّا هُوَ ٱلْحَىُّ ٱلْقَيُّومُ لَا تَأْخُذُهُۥ سِنَةٌ وَلَا نَوْمٌ لَّهُۥ مَا فِى ٱلسَّمَٰوَاتِ وَمَا فِى ٱلْأَرْضِ مَن ذَا ٱلَّذِى يَشْفَعُ عِنْدَهُۥٓ إِلَّا بِإِذْنِهِۦ يَعْلَمُ مَا بَيْنَ أَيْدِيهِمْ

وَمَا خَلْفَهُمْ وَلَا يُحِيطُونَ بِشَيْءٍ مِنْ عِلْمِهِ إِلَّا بِمَا شَآءَ وَسِعَ كُرْسِيُّهُ ٱلسَّمٰوَاتِ وَٱلْأَرْضَ وَلَا يَؤُدُهُ حِفْظُهُمَا وَهُوَ ٱلْعَلِيُّ ٱلْعَظِيمُ ۝

* (سورة القَدْرِ ٩٧) *

مختلَف فيها وآيها خمس آيات

بِسْمِ ٱللَّهِ ٱلرَّحْمٰنِ ٱلرَّحِيمِ

(١) إِنَّا أَنْزَلْنَاهُ فِي لَيْلَةِ ٱلْقَدْرِ (٢) وَمَا أَدْرَاكَ مَا لَيْلَةُ ٱلْقَدْرِ (٣) لَيْلَةُ ٱلْقَدْرِ خَيْرٌ مِنْ أَلْفِ شَهْرٍ (٤) تَنَزَّلُ ٱلْمَلَائِكَةُ وَٱلرُّوحُ فِيهَا بِإِذْنِ رَبِّهِمْ مِنْ كُلِّ أَمْرٍ (٥) سَلَامٌ هِيَ حَتَّى مَطْلَعِ ٱلْفَجْرِ ۝

* (أَوّل سورة المُدَّثِّرِ ٧٤) *

مكّيّة وآيها خمس وخمسون آية

بِسْمِ ٱللَّهِ ٱلرَّحْمٰنِ ٱلرَّحِيمِ

(١) يَا أَيُّهَا ٱلْمُدَّثِّرُ (٢) قُمْ فَأَنْذِرْ (٣) وَرَبَّكَ فَكَبِّرْ (٤) وَثِيَابَكَ فَطَهِّرْ (٥) وَٱلرُّجْزَ فَٱهْجُرْ (٦) وَلَا تَمْنُنْ تَسْتَكْثِرُ (٧) وَلِرَبِّكَ فَٱصْبِرْ (٨) فَإِذَا نُقِرَ فِي ٱلنَّاقُورِ (٩) فَذٰلِكَ يَوْمَئِذٍ يَوْمٌ عَسِيرٌ (١٠) عَلَى ٱلْكَافِرِينَ غَيْرُ

يَسِيرٍ (١١) ذَرْنِى وَمَنْ خَلَقْتُ وَحِيدًا (١٢) وَجَعَلْتُ
لَهُ مَالًا مَمْدُودًا (١٣) وَبَنِينَ شُهُودًا (١٤) وَمَهَّدْتُ
لَهُ تَمْهِيدًا (١٥) ثُمَّ يَطْمَعُ أَنْ أَزِيدَ (١٦) كَلَّا إِنَّهُ
كَانَ لِآيَاتِنَا عَنِيدًا (١٧) سَأُرْهِقُهُ صَعُودًا (١٨) إِنَّهُ فَكَّرَ
وَقَدَّرَ (١٩) فَقُتِلَ كَيْفَ قَدَّرَ (٢٠) ثُمَّ قُتِلَ كَيْفَ قَدَّرَ
(٢١) ثُمَّ نَظَرَ (٢٢) ثُمَّ عَبَسَ وَبَسَرَ (٢٣) ثُمَّ أَدْبَرَ
وَٱسْتَكْبَرَ (٢٤) فَقَالَ إِنْ هٰذَا إِلَّا سِحْرٌ يُؤْثَرُ (٢٥) إِنْ
هٰذَا إِلَّا قَوْلُ ٱلْبَشَرِ (٢٦) سَأُصْلِيهِ سَقَرَ (٢٧) وَمَا أَدْرَاكَ
مَا سَقَرُ (٢٨) لَا تُبْقِى وَلَا تَذَرُ (٢٩) لَوَّاحَةٌ لِلْبَشَرِ
(٣٠) عَلَيْهَا تِسْعَةَ عَشَرَ ۞

* (سورة تَبَّتْ ١١١) *

مكّيّة وآيها خمس آيات

بِسْمِ ٱللَّهِ ٱلرَّحْمٰنِ ٱلرَّحِيمِ

(١) تَبَّتْ يَدَا أَبِى لَهَبٍ وَتَبَّ (٢) مَا أَغْنَى عَنْهُ مَالُهُ
وَمَا كَسَبَ (٣) سَيَصْلَى نَارًا ذَاتَ لَهَبٍ (٤) وَٱمْرَأَتُهُ
حَمَّالَةَ ٱلْحَطَبِ (٥) فِى جِيدِهَا حَبْلٌ مِنْ مَسَدٍ ۞

* (سورة القارعة ١٠١) *

مكّيّة وآيها ثمان آيات

بِسْمِ ٱللَّهِ ٱلرَّحْمَٰنِ ٱلرَّحِيمِ

(١) ٱلْقَارِعَةُ مَا ٱلْقَارِعَةُ (٢) وَمَا أَدْرَاكَ مَا ٱلْقَارِعَةُ
(٣) يَوْمَ يَكُونُ ٱلنَّاسُ كَٱلْفَرَاشِ ٱلْمَبْثُوثِ (٤) وَتَكُونُ
ٱلْجِبَالُ كَٱلْعِهْنِ ٱلْمَنْفُوشِ (٥) فَأَمَّا مَنْ ثَقُلَتْ مَوَازِينُهُ
فَهُوَ فِى عِيشَةٍ رَاضِيَةٍ (٦) وَأَمَّا مَنْ خَفَّتْ مَوَازِينُهُ
فَأُمُّهُ هَاوِيَةٌ (٧) وَمَا أَدْرَاكَ مَا هِيَهْ (٨) نَارٌ حَامِيَةٌ

* (سورة التكوير ٨١) *

مكّيّة وآيها تسع وعشرون آية

بِسْمِ ٱللَّهِ ٱلرَّحْمَٰنِ ٱلرَّحِيمِ

(١) إِذَا ٱلشَّمْسُ كُوِّرَتْ (٢) وَإِذَا ٱلنُّجُومُ ٱنْكَدَرَتْ
(٣) وَإِذَا ٱلْجِبَالُ سُيِّرَتْ (٤) وَإِذَا ٱلْعِشَارُ عُطِّلَتْ
(٥) وَإِذَا ٱلْوُحُوشُ حُشِرَتْ (٦) وَإِذَا ٱلْبِحَارُ سُجِّرَتْ
(٧) وَإِذَا ٱلنُّفُوسُ زُوِّجَتْ (٨) وَإِذَا ٱلْمَوْءُودَةُ سُئِلَتْ
(٩) بِأَيِّ ذَنْبٍ قُتِلَتْ (١٠) وَإِذَا ٱلصُّحُفُ نُشِرَتْ
(١١) وَإِذَا ٱلسَّمَاءُ كُشِطَتْ (١٢) وَإِذَا ٱلْجَحِيمُ سُعِّرَتْ

(١٣) وَإِذَا ٱلْجَنَّةُ أُزْلِفَتْ (١٤) عَلِمَتْ نَفْسٌ مَا أَحْضَرَتْ (١٥) فَلَا أُقْسِمُ بِٱلْخُنَّسِ (١٦) ٱلْجَوَارِ ٱلْكُنَّسِ (١٧) وَٱللَّيْلِ إِذَا عَسْعَسَ (١٨) وَٱلصُّبْحِ إِذَا تَنَفَّسَ (١٩) إِنَّهُ لَقَوْلُ رَسُولٍ كَرِيمٍ (٢٠) ذِى قُوَّةٍ عِنْدَ ذِى ٱلْعَرْشِ مَكِينٍ (٢١) مُطَاعٍ ثَمَّ أَمِينٍ (٢٢) وَمَا صَاحِبُكُمْ بِمَجْنُونٍ ٥ (٢٣) وَلَقَدْ رَآهُ بِٱلْأُفُقِ ٱلْمُبِينِ (٢٤) وَمَا هُوَ عَلَى ٱلْغَيْبِ بِظَنِينٍ (٢٥) وَمَا هُوَ بِقَوْلِ شَيْطَانٍ رَجِيمٍ (٢٦) فَأَيْنَ تَذْهَبُونَ (٢٧) إِنْ هُوَ إِلَّا ذِكْرٌ لِلْعَالَمِينَ (٢٨) لِمَنْ شَآءَ مِنْكُمْ أَنْ يَسْتَقِيمَ (٢٩) وَمَا تَشَآءُونَ إِلَّا أَنْ يَشَآءَ ٱللَّهُ رَبُّ ٱلْعَالَمِينَ ۞

١٠

* (سُورَة الرَّحْمٰنِ ٥٥) *

مَكِّيَّة او مدنيّة او متبعّضة وآيها ثمان وسبعون آية

بِسْمِ ٱللَّهِ ٱلرَّحْمٰنِ ٱلرَّحِيمِ

(١) اَلرَّحْمٰنُ عَلَّمَ ٱلْقُرْآنَ (٢) خَلَقَ ٱلْإِنْسَانَ (٣) عَلَّمَهُ ٱلْبَيَانَ (٤) اَلشَّمْسُ وَٱلْقَمَرُ بِحُسْبَانٍ

(٥) وَٱلنَّجْمُ وَٱلشَّجَرُ يَسْجُدَانِ (٦) وَٱلسَّمَآءَ رَفَعَهَا وَوَضَعَ ٱلْمِيزَانَ (٧) أَلَّا تَطْغَوْا فِى ٱلْمِيزَانِ (٨) وَأَقِيمُوا ٱلْوَزْنَ بِٱلْقِسْطِ وَلَا تُخْسِرُوا ٱلْمِيزَانَ (٩) وَٱلْأَرْضَ وَضَعَهَا لِلْأَنَامِ (١٠) فِيهَا فَاكِهَةٌ وَٱلنَّخْلُ ذَاتُ ٱلْأَكْمَامِ (١١) وَٱلْحَبُّ ذُو ٱلْعَصْفِ وَٱلرَّيْحَانُ (١٢) فَبِأَىِّ آلَآءِ رَبِّكُمَا تُكَذِّبَانِ (١٣) خَلَقَ ٱلْإِنْسَانَ مِنْ صَلْصَالٍ كَٱلْفَخَّارِ (١٤) وَخَلَقَ ٱلْجَانَّ مِنْ مَارِجٍ مِنْ نَارٍ (١٥) فَبِأَىِّ آلَآءِ رَبِّكُمَا تُكَذِّبَانِ (١٦) رَبُّ ٱلْمَشْرِقَيْنِ (١٧) وَرَبُّ ٱلْمَغْرِبَيْنِ (١٨) فَبِأَىِّ آلَآءِ رَبِّكُمَا تُكَذِّبَانِ (١٩) مَرَجَ ٱلْبَحْرَيْنِ يَلْتَقِيَانِ (٢٠) بَيْنَهُمَا بَرْزَخٌ لَا يَبْغِيَانِ (٢١) فَبِأَىِّ آلَآءِ رَبِّكُمَا تُكَذِّبَانِ (٢٢) يَخْرُجُ مِنْهُمَا ٱللُّؤْلُؤُ وَٱلْمَرْجَانُ (٢٣) فَبِأَىِّ آلَآءِ رَبِّكُمَا تُكَذِّبَانِ (٢٤) وَلَهُ ٱلْجَوَارِ ٱلْمُنْشَآتُ فِى ٱلْبَحْرِ كَٱلْأَعْلَامِ (٢٥) فَبِأَىِّ آلَآءِ رَبِّكُمَا تُكَذِّبَانِ (٢٦) كُلُّ مَنْ عَلَيْهَا فَانٍ (٢٧) وَيَبْقَى وَجْهُ رَبِّكَ ذُو ٱلْجَلَالِ وَٱلْإِكْرَامِ (٢٨) فَبِأَىِّ آلَآءِ رَبِّكُمَا تُكَذِّبَانِ (٢٩) يَسْأَلُهُ مَنْ فِى ٱلسَّمٰوَاتِ وَٱلْأَرْضِ كُلَّ يَوْمٍ هُوَ فِى شَأْنٍ (٣٠) فَبِأَىِّ آلَآءِ رَبِّكُمَا تُكَذِّبَانِ (٣١) سَنَفْرُغُ لَكُمْ أَيُّهَ ٱلثَّقَلَانِ

(٣٢) فَبِأَيِّ آلَآءِ رَبِّكُمَا تُكَذِّبَانِ (٣٣) يَا مَعْشَرَ ٱلْجِنِّ وَٱلْإِنْسِ إِنِ ٱسْتَطَعْتُمْ أَنْ تَنْفُذُوا مِنْ أَقْطَارِ ٱلسَّمٰوَاتِ وَٱلْأَرْضِ فَٱنْفُذُوا لَا تَنْفُذُونَ إِلَّا بِسُلْطَانٍ (٣٤) فَبِأَيِّ آلَآءِ رَبِّكُمَا تُكَذِّبَانِ (٣٥) يُرْسَلُ عَلَيْكُمَا شُوَاظٌ مِنْ نَارٍ وَنُحَاسٌ فَلَا تَنْتَصِرَانِ (٣٦) فَبِأَيِّ آلَآءِ رَبِّكُمَا تُكَذِّبَانِ (٣٧) فَإِذَا ٱنْشَقَّتِ ٱلسَّمَآءُ فَكَانَتْ وَرْدَةً كَٱلدِّهَانِ (٣٨) فَبِأَيِّ آلَآءِ رَبِّكُمَا تُكَذِّبَانِ (٣٩) فَيَوْمَئِذٍ لَا يُسْأَلُ عَنْ ذَنْبِهِ إِنْسٌ وَلَا جَانٌّ (٤٠) فَبِأَيِّ آلَآءِ رَبِّكُمَا تُكَذِّبَانِ (٤١) يُعْرَفُ ٱلْمُجْرِمُونَ بِسِيمَاهُمْ فَيُؤْخَذُ بِٱلنَّوَاصِي وَٱلْأَقْدَامِ (٤٢) فَبِأَيِّ آلَآءِ رَبِّكُمَا تُكَذِّبَانِ (٤٣) هٰذِهِ جَهَنَّمُ ٱلَّتِي يُكَذِّبُ بِهَا ٱلْمُجْرِمُونَ (٤٤) يَطُوفُونَ بَيْنَهَا وَبَيْنَ حَمِيمٍ آنٍ (٤٥) فَبِأَيِّ آلَآءِ رَبِّكُمَا تُكَذِّبَانِ (٤٦) وَلِمَنْ خَافَ مَقَامَ رَبِّهِ جَنَّتَانِ (٤٧) فَبِأَيِّ آلَآءِ رَبِّكُمَا تُكَذِّبَانِ (٤٨) ذَوَاتَا أَفْنَانٍ (٤٩) فَبِأَيِّ آلَآءِ رَبِّكُمَا تُكَذِّبَانِ (٥٠) فِيهِمَا عَيْنَانِ تَجْرِيَانِ (٥١) فَبِأَيِّ آلَآءِ رَبِّكُمَا تُكَذِّبَانِ (٥٢) فِيهِمَا مِنْ كُلِّ فَاكِهَةٍ زَوْجَانِ (٥٣) فَبِأَيِّ آلَآءِ رَبِّكُمَا تُكَذِّبَانِ (٥٤) مُتَّكِئِينَ عَلَى فُرُشٍ بَطَائِنُهَا

مِنْ إِسْتَبْرَقٍ وَجَنَى ٱلْجَنَّتَيْنِ دَانٍ (٥٥) فَبِأَيِّ آلَآءِ رَبِّكُمَا تُكَذِّبَانِ (٥٦) فِيهِنَّ قَاصِرَاتُ ٱلطَّرْفِ لَمْ يَطْمِثْهُنَّ إِنْسٌ قَبْلَهُمْ وَلَا جَانٌّ (٥٧) فَبِأَيِّ آلَآءِ رَبِّكُمَا تُكَذِّبَانِ (٥٨) كَأَنَّهُنَّ ٱلْيَاقُوتُ وَٱلْمَرْجَانُ (٥٩) فَبِأَيِّ آلَآءِ رَبِّكُمَا تُكَذِّبَانِ (٦٠) هَلْ جَزَآءُ ٱلْإِحْسَانِ إِلَّا ٱلْإِحْسَانُ (٦١) فَبِأَيِّ آلَآءِ رَبِّكُمَا تُكَذِّبَانِ (٦٢) وَمِنْ دُونِهِمَا جَنَّتَانِ (٦٣) فَبِأَيِّ آلَآءِ رَبِّكُمَا تُكَذِّبَانِ (٦٤) مُدْهَامَّتَانِ (٦٥) فَبِأَيِّ آلَآءِ رَبِّكُمَا تُكَذِّبَانِ (٦٦) فِيهِمَا عَيْنَانِ نَضَّاخَتَانِ (٦٧) فَبِأَيِّ آلَآءِ رَبِّكُمَا تُكَذِّبَانِ (٦٨) فِيهِمَا فَاكِهَةٌ وَنَخْلٌ وَرُمَّانٌ (٦٩) فَبِأَيِّ آلَآءِ رَبِّكُمَا تُكَذِّبَانِ (٧٠) فِيهِنَّ خَيْرَاتٌ حِسَانٌ (٧١) فَبِأَيِّ آلَآءِ رَبِّكُمَا تُكَذِّبَانِ (٧٢) حُورٌ مَقْصُورَاتٌ فِي ٱلْخِيَامِ (٧٣) فَبِأَيِّ آلَآءِ رَبِّكُمَا تُكَذِّبَانِ (٧٤) لَمْ يَطْمِثْهُنَّ إِنْسٌ قَبْلَهُمْ وَلَا جَانٌّ (٧٥) فَبِأَيِّ آلَآءِ رَبِّكُمَا تُكَذِّبَانِ (٧٦) مُتَّكِئِينَ عَلَى رَفْرَفٍ خُضْرٍ وَعَبْقَرِيٍّ حِسَانٍ (٧٧) فَبِأَيِّ آلَآءِ رَبِّكُمَا تُكَذِّبَانِ (٧٨) تَبَارَكَ ٱسْمُ رَبِّكَ ذِي ٱلْجَلَالِ وَٱلْإِكْرَامِ ۝

* (سورة الضُّحَى ٩٣) *

مكّيّة وآيها احدىٰ عشرة آية

بِسْمِ ٱللَّهِ ٱلرَّحْمٰنِ ٱلرَّحِيمِ

(١) وَٱلضُّحَى (٢) وَٱللَّيْلِ إِذَا سَجَى (٣) مَا وَدَّعَكَ رَبُّكَ وَمَا قَلَى (٤) وَلَلْآخِرَةُ خَيْرٌ لَكَ مِنَ ٱلْأُولَى (٥) وَلَسَوْفَ يُعْطِيكَ رَبُّكَ فَتَرْضَى (٦) أَلَمْ يَجِدْكَ يَتِيمًا فَآوَى (٧) وَوَجَدَكَ ضَالًّا فَهَدَى (٨) وَوَجَدَكَ عَائِلًا فَأَغْنَى (٩) فَأَمَّا ٱلْيَتِيمَ فَلَا تَقْهَرْ (١٠) وَأَمَّا ٱلسَّائِلَ فَلَا تَنْهَرْ (١١) وَأَمَّا بِنِعْمَةِ رَبِّكَ فَحَدِّثْ ۞

* (سورة الفَلَق ١١٣) *

مختلف فيها وآيها خمس آيات

بِسْمِ ٱللَّهِ ٱلرَّحْمٰنِ ٱلرَّحِيمِ

١٠

(١) قُلْ أَعُوذُ بِرَبِّ ٱلْفَلَقِ (٢) مِنْ شَرِّ مَا خَلَقَ (٣) وَمِنْ شَرِّ غَاسِقٍ إِذَا وَقَبَ (٤) وَمِنْ شَرِّ ٱلنَّفَّاثَاتِ فِى ٱلْعُقَدِ (٥) وَمِنْ شَرِّ حَاسِدٍ إِذَا حَسَدَ ۞

* (النصف الأوّل من سورة يُوسُفَ) *

مكّيّة وآيها مائة واحدى عشرة آية

بِسْمِ ٱللَّهِ ٱلرَّحْمٰنِ ٱلرَّحِيمِ

(١) الٓر تِلْكَ آيَاتُ ٱلْكِتَابِ ٱلْمُبِينِ (٢) إِنَّا أَنْزَلْنَاهُ قُرْآنًا عَرَبِيًّا لَعَلَّكُمْ تَعْقِلُونَ (٣) نَحْنُ نَقُصُّ عَلَيْكَ أَحْسَنَ ٱلْقَصَصِ بِمَا أَوْحَيْنَا إِلَيْكَ هٰذَا ٱلْقُرْآنَ وَإِنْ كُنْتَ مِنْ قَبْلِهِ لَمِنَ ٱلْغَافِلِينَ (٤) إِذْ قَالَ يُوسُفُ لِأَبِيهِ يَا أَبَتِ إِنِّي رَأَيْتُ أَحَدَ عَشَرَ كَوْكَبًا وَٱلشَّمْسَ وَٱلْقَمَرَ رَأَيْتُهُمْ لِي سَاجِدِينَ (٥) قَالَ يَا بُنَيِّ لَا تَقْصُصْ رُؤْيَاكَ عَلَىٰ إِخْوَتِكَ فَيَكِيدُوا لَكَ كَيْدًا إِنَّ ٱلشَّيْطَانَ لِلْإِنْسَانِ عَدُوٌّ مُبِينٌ (٦) وَكَذٰلِكَ يَجْتَبِيكَ رَبُّكَ وَيُعَلِّمُكَ مِنْ تَأْوِيلِ ٱلْأَحَادِيثِ وَيُتِمُّ نِعْمَتَهُ عَلَيْكَ وَعَلَىٰ آلِ يَعْقُوبَ كَمَا أَتَمَّهَا عَلَىٰ أَبَوَيْكَ مِنْ قَبْلُ إِبْرٰهِيمَ وَإِسْحٰقَ إِنَّ رَبَّكَ عَلِيمٌ حَكِيمٌ (٧) لَقَدْ كَانَ فِي يُوسُفَ وَإِخْوَتِهِ آيَاتٌ لِلسَّائِلِينَ (٨) إِذْ قَالُوا لَيُوسُفُ وَأَخُوهُ أَحَبُّ إِلَىٰ أَبِينَا مِنَّا وَنَحْنُ عُصْبَةٌ إِنَّ أَبَانَا لَفِي ضَلَالٍ مُبِينٍ (٩) ٱقْتُلُوا يُوسُفَ أَوِ ٱطْرَحُوهُ أَرْضًا يَخْلُ لَكُمْ وَجْهُ أَبِيكُمْ وَتَكُونُوا مِنْ بَعْدِهِ قَوْمًا

صَالِحِينَ (١٠) قَالَ قَائِلٌ مِنْهُمْ لَا تَقْتُلُوا يُوسُفَ وَأَلْقُوهُ فِي غَيَابَتِ ٱلْجُبِّ يَلْتَقِطْهُ بَعْضُ ٱلسَّيَّارَةِ إِنْ كُنْتُمْ فَاعِلِينَ (١١) قَالُوا يَا أَبَانَا مَا لَكَ لَا تَأْمَنَّا عَلَى يُوسُفَ وَإِنَّا لَهُ لَنَاصِحُونَ (١٢) أَرْسِلْهُ مَعَنَا غَدًا نَرْتَعْ وَنَلْعَبْ وَإِنَّا لَهُ لَحَافِظُونَ (١٣) قَالَ إِنِّي لَيَحْزُنُنِي أَنْ تَذْهَبُوا بِهِ وَأَخَافُ أَنْ يَأْكُلَهُ ٱلذِّئْبُ وَأَنْتُمْ عَنْهُ غَافِلُونَ (١٤) قَالُوا لَئِنْ أَكَلَهُ ٱلذِّئْبُ وَنَحْنُ عُصْبَةٌ إِنَّا إِذًا لَخَاسِرُونَ (١٥) فَلَمَّا ذَهَبُوا بِهِ وَأَجْمَعُوا أَنْ يَجْعَلُوهُ فِي غَيَابَتِ ٱلْجُبِّ وَأَوْحَيْنَا إِلَيْهِ لَتُنَبِّئَنَّهُمْ بِأَمْرِهِمْ هٰذَا وَهُمْ لَا يَشْعُرُونَ (١٦) وَجَاءُوا أَبَاهُمْ عِشَاءً يَبْكُونَ (١٧) قَالُوا يَا أَبَانَا إِنَّا ذَهَبْنَا نَسْتَبِقُ وَتَرَكْنَا يُوسُفَ عِنْدَ مَتَاعِنَا فَأَكَلَهُ ٱلذِّئْبُ وَمَا أَنْتَ بِمُؤْمِنٍ لَنَا وَلَوْ كُنَّا صَادِقِينَ (١٨) وَجَاءُوا عَلَى قَمِيصِهِ بِدَمٍ كَذِبٍ قَالَ بَلْ سَوَّلَتْ لَكُمْ أَنْفُسُكُمْ أَمْرًا فَصَبْرٌ جَمِيلٌ وَٱللَّهُ ٱلْمُسْتَعَانُ عَلَى مَا تَصِفُونَ (١٩) وَجَاءَتْ سَيَّارَةٌ فَأَرْسَلُوا وَارِدَهُمْ فَأَدْلَى دَلْوَهُ قَالَ يَا بُشْرَى هٰذَا غُلَامٌ وَأَسَرُّوهُ بِضَاعَةً وَٱللَّهُ عَلِيمٌ بِمَا يَعْمَلُونَ (٢٠) وَشَرَوْهُ بِثَمَنٍ بَخْسٍ دَرَاهِمَ مَعْدُودَةٍ وَكَانُوا فِيهِ

مِنَ ٱلزَّاهِدِينَ (٢١) وَقَالَ ٱلَّذِى ٱشْتَرَاهُ مِنْ مِصْر لِٱمْرَأَتِهِ أَكْرِمِى مَثْوَاهُ عَسَى أَنْ يَنْفَعَنَا أَوْ نَتَّخِذَهُ وَلَدًا وَكَذٰلِكَ مَكَّنَّا لِيُوسُفَ فِى ٱلْأَرْضِ وَلِنُعَلِّمَهُ مِنْ تَأْوِيلِ ٱلْأَحَادِيثِ وَٱللَّهُ غَالِبٌ عَلَى أَمْرِهِ وَلٰكِنَّ أَكْثَرَ ٱلنَّاسِ لَا يَعْلَمُونَ (٢٢) وَلَمَّا بَلَغَ أَشُدَّهُ آتَيْنَاهُ حُكْمًا وَعِلْمًا وَكَذٰلِكَ نَجْزِى ٱلْمُحْسِنِينَ (٢٣) وَرَاوَدَتْهُ ٱلَّتِى هُوَ فِى بَيْتِهَا عَنْ نَفْسِهِ وَغَلَّقَتِ ٱلْأَبْوَابَ وَقَالَتْ هَيْتَ لَكَ قَالَ مَعَاذَ ٱللَّهِ إِنَّهُ رَبِّى أَحْسَنَ مَثْوَاىَ إِنَّهُ لَا يُفْلِحُ ٱلظَّالِمُونَ (٢٤) وَلَقَدْ هَمَّتْ بِهِ وَهَمَّ بِهَا لَوْلَا أَنْ رَأَى بُرْهَانَ رَبِّهِ كَذٰلِكَ لِنَصْرِفَ عَنْهُ ٱلسُّوٓءَ وَٱلْفَحْشَآءَ إِنَّهُ مِنْ عِبَادِنَا ٱلْمُخْلَصِينَ (٢٥) وَٱسْتَبَقَا ٱلْبَابَ وَقَدَّتْ قَمِيصَهُ مِنْ دُبُرٍ وَأَلْفَيَا سَيِّدَهَا لَدَا ٱلْبَابِ قَالَتْ مَا جَزَآءُ مَنْ أَرَادَ بِأَهْلِكَ سُوٓءًا إِلَّا أَنْ يُسْجَنَ أَوْ عَذَابٌ أَلِيمٌ (٢٦) قَالَ هِىَ رَاوَدَتْنِى عَنْ نَفْسِى وَشَهِدَ شَاهِدٌ مِنْ أَهْلِهَا إِنْ كَانَ قَمِيصُهُ قُدَّ مِنْ قُبُلٍ فَصَدَقَتْ وَهُوَ مِنَ ٱلْكَاذِبِينَ (٢٧) وَإِنْ كَانَ قَمِيصُهُ قُدَّ مِنْ دُبُرٍ فَكَذَبَتْ وَهُوَ مِنَ ٱلصَّادِقِينَ (٢٨) فَلَمَّا رَأَى قَمِيصَهُ قُدَّ مِنْ دُبُرٍ قَالَ إِنَّهُ مِنْ

كَيْدِكُنَّ إِنَّ كَيْدَكُنَّ عَظِيمٌ (٢٩) يُوسُفُ أَعْرِضْ عَنْ

هَذَا وَٱسْتَغْفِرِى لِذَنْبِكِ إِنَّكِ كُنْتِ مِنَ ٱلْخَاطِئِينَ

(٣٠) وَقَالَ نِسْوَةٌ فِى ٱلْمَدِينَةِ ٱمْرَأَتُ ٱلْعَزِيزِ تُرَاوِدُ

فَتَاهَا عَنْ نَفْسِهِ قَدْ شَغَفَهَا حُبًّا إِنَّا لَنَرَاهَا فِى ضَلَالٍ

مُبِينٍ (٣١) فَلَمَّا سَمِعَتْ بِمَكْرِهِنَّ أَرْسَلَتْ إِلَيْهِنَّ ٥

وَأَعْتَدَتْ لَهُنَّ مُتَّكَأً وَآتَتْ كُلَّ وَاحِدَةٍ مِنْهُنَّ سِكِّينًا

وَقَالَتِ ٱخْرُجْ عَلَيْهِنَّ فَلَمَّا رَأَيْنَهُ أَكْبَرْنَهُ وَقَطَّعْنَ

أَيْدِيَهُنَّ وَقُلْنَ حَاشَ لِلَّهِ مَا هَذَا بَشَرًا إِنْ هَذَا إِلَّا

مَلَكٌ كَرِيمٌ (٣٢) قَالَتْ فَذَلِكُنَّ ٱلَّذِى لُمْتُنَّنِى فِيهِ

وَلَقَدْ رَاوَدْتُهُ عَنْ نَفْسِهِ فَٱسْتَعْصَمَ وَلَئِنْ لَمْ يَفْعَلْ مَا ١٠

آمُرُهُ لَيُسْجَنَنَّ وَلَيَكُونًا مِنَ ٱلصَّاغِرِينَ (٣٣) قَالَ

رَبِّ ٱلسِّجْنُ أَحَبُّ إِلَىَّ مِمَّا يَدْعُونَنِى إِلَيْهِ وَإِلَّا

تَصْرِفْ عَنِّى كَيْدَهُنَّ أَصْبُ إِلَيْهِنَّ وَأَكُنْ مِنَ ٱلْجَاهِلِينَ

(٣٤) فَٱسْتَجَابَ لَهُ رَبُّهُ فَصَرَفَ عَنْهُ كَيْدَهُنَّ إِنَّهُ هُوَ

ٱلسَّمِيعُ ٱلْعَلِيمُ (٣٥) ثُمَّ بَدَا لَهُمْ مِنْ بَعْدِ مَا رَأَوُا ١٥

ٱلْآيَاتِ لَيَسْجُنُنَّهُ حَتَّى حِينٍ (٣٦) وَدَخَلَ مَعَهُ

ٱلسِّجْنَ فَتَيَانِ قَالَ أَحَدُهُمَا إِنِّى أَرَانِى أَعْصِرُ خَمْرًا

وَقَالَ ٱلْآخَرُ إِنِّى أَرَانِى أَحْمِلُ فَوْقَ رَأْسِى خُبْزًا تَأْكُلُ

ٱلطَّيْرُ مِنْهُ نَبِّئْنَا بِتَأْوِيلِهِ إِنَّا نَرَاكَ مِنَ ٱلْمُحْسِنِينَ (٣٧) قَالَ لَا يَأْتِيكُمَا طَعَامٌ تُرْزَقَانِهِ إِلَّا نَبَّأْتُكُمَا بِتَأْوِيلِهِ قَبْلَ أَنْ يَأْتِيَكُمَا ذٰلِكُمَا مِمَّا عَلَّمَنِى رَبِّى إِنِّى تَرَكْتُ مِلَّةَ قَوْمٍ لَا يُؤْمِنُونَ بِٱللَّهِ وَهُمْ بِٱلْآخِرَةِ هُمْ كَافِرُونَ (٣٨) وَٱتَّبَعْتُ مِلَّةَ آبَآئِى إِبْرٰهِيمَ وَإِسْحٰقَ وَيَعْقُوبَ مَا كَانَ لَنَا أَنْ نُشْرِكَ بِٱللَّهِ مِنْ شَىْءٍ ذٰلِكَ مِنْ فَضْلِ ٱللَّهِ عَلَيْنَا وَعَلَى ٱلنَّاسِ وَلٰكِنَّ أَكْثَرَ ٱلنَّاسِ لَا يَشْكُرُونَ (٣٩) يَا صَاحِبَىِ ٱلسِّجْنِ أَأَرْبَابٌ مُتَفَرِّقُونَ خَيْرٌ أَمِ ٱللَّهُ ٱلْوَاحِدُ ٱلْقَهَّارُ (٤٠) مَا تَعْبُدُونَ مِنْ دُونِهِ إِلَّا أَسْمَآءً سَمَّيْتُمُوهَا أَنْتُمْ وَآبَآؤُكُمْ مَا أَنْزَلَ ٱللَّهُ بِهَا مِنْ سُلْطَانٍ إِنِ ٱلْحُكْمُ إِلَّا لِلَّهِ أَمَرَ أَلَّا تَعْبُدُوا إِلَّا إِيَّاهُ ذٰلِكَ ٱلدِّينُ ٱلْقَيِّمُ وَلٰكِنَّ أَكْثَرَ ٱلنَّاسِ لَا يَعْلَمُونَ (٤١) يَا صَاحِبَىِ ٱلسِّجْنِ أَمَّا أَحَدُكُمَا فَيَسْقِى رَبَّهُ خَمْرًا وَأَمَّا ٱلْآخَرُ فَيُصْلَبُ فَتَأْكُلُ ٱلطَّيْرُ مِنْ رَأْسِهِ قُضِىَ ٱلْأَمْرُ ٱلَّذِى فِيهِ تَسْتَفْتِيَانِ (٤٢) وَقَالَ لِلَّذِى ظَنَّ أَنَّهُ نَاجٍ مِنْهُمَا ٱذْكُرْنِى عِنْدَ رَبِّكَ فَأَنْسَاهُ ٱلشَّيْطَانُ ذِكْرَ رَبِّهِ فَلَبِثَ فِى ٱلسِّجْنِ بِضْعَ سِنِينَ (٤٣) وَقَالَ ٱلْمَلِكُ إِنِّى أَرَى سَبْعَ بَقَرَاتٍ

سِمَانٍ يَأْكُلُهُنَّ سَبْعٌ عِجَافٌ وَسَبْعَ سُنْبُلَاتٍ خُضْرٍ وَأُخَرَ يَابِسَاتٍ يَا أَيُّهَا ٱلْمَلَأُ أَفْتُونِى فِى رُؤْيَاىَ إِنْ كُنْتُمْ لِلرُّؤْيَا تَعْبُرُونَ (٤٤) قَالُوا أَضْغَاثُ أَحْلَامٍ وَمَا نَحْنُ بِتَأْوِيلِ ٱلْأَحْلَامِ بِعَالِمِينَ (٤٥) وَقَالَ ٱلَّذِى نَجَا مِنْهُمَا وَٱدَّكَرَ بَعْدَ أُمَّةٍ أَنَا أُنَبِّئُكُمْ بِتَأْوِيلِهِ فَأَرْسِلُونِ (٤٦) يُوسُفُ أَيُّهَا ٱلصِّدِّيقُ أَفْتِنَا فِى سَبْعِ بَقَرَاتٍ سِمَانٍ يَأْكُلُهُنَّ سَبْعٌ عِجَافٌ وَسَبْعِ سُنْبُلَاتٍ خُضْرٍ وَأُخَرَ يَابِسَاتٍ لَعَلِّى أَرْجِعُ إِلَى ٱلنَّاسِ لَعَلَّهُمْ يَعْلَمُونَ (٤٧) قَالَ تَزْرَعُونَ سَبْعَ سِنِينَ دَأَبًا فَمَا حَصَدْتُمْ فَذَرُوهُ فِى سُنْبُلِهِ إِلَّا قَلِيلًا مِمَّا تَأْكُلُونَ (٤٨) ثُمَّ يَأْتِى مِنْ بَعْدِ ذَٰلِكَ سَبْعٌ شِدَادٌ يَأْكُلْنَ مَا قَدَّمْتُمْ لَهُنَّ إِلَّا قَلِيلًا مِمَّا تُحْصِنُونَ (٤٩) ثُمَّ يَأْتِى مِنْ بَعْدِ ذَٰلِكَ عَامٌ فِيهِ يُغَاثُ ٱلنَّاسُ وَفِيهِ يَعْصِرُونَ (٥٠) وَقَالَ ٱلْمَلِكُ ٱئْتُونِى بِهِ فَلَمَّا جَآءَهُ ٱلرَّسُولُ قَالَ ٱرْجِعْ إِلَى رَبِّكَ فَسْأَلْهُ مَا بَالُ ٱلنِّسْوَةِ ٱللَّاتِى قَطَّعْنَ أَيْدِيَهُنَّ إِنَّ رَبِّى بِكَيْدِهِنَّ عَلِيمٌ (٥١) قَالَ مَا خَطْبُكُنَّ إِذْ رَاوَدْتُنَّ يُوسُفَ عَنْ نَفْسِهِ قُلْنَ حَاشَ لِلَّهِ مَا عَلِمْنَا عَلَيْهِ مِنْ سُوٓءٍ قَالَتِ ٱمْرَأَتُ ٱلْعَزِيزِ

ٱلْآنَ حَصْحَصَ ٱلْحَقُّ أَنَا رَاوَدْتُهُ عَنْ نَفْسِهِ وَإِنَّهُ لَمِنَ ٱلصَّادِقِينَ (٥٢) ذٰلِكَ لِيَعْلَمَ أَنِّي لَمْ أَخُنْهُ بِٱلْغَيْبِ وَأَنَّ ٱللَّهَ لَا يَهْدِي كَيْدَ ٱلْخَائِنِينَ (٥٣) وَمَا أُبَرِّئُ نَفْسِي إِنَّ ٱلنَّفْسَ لَأَمَّارَةٌ بِٱلسُّوٓءِ إِلَّا مَا رَحِمَ رَبِّي إِنَّ رَبِّي غَفُورٌ رَحِيمٌ (٥٤) وَقَالَ ٱلْمَلِكُ ٱئْتُونِي بِهِ أَسْتَخْلِصْهُ لِنَفْسِي فَلَمَّا كَلَّمَهُ قَالَ إِنَّكَ ٱلْيَوْمَ لَدَيْنَا مَكِينٌ أَمِينٌ (٥٥) قَالَ ٱجْعَلْنِي عَلَى خَزَائِنِ ٱلْأَرْضِ إِنِّي حَفِيظٌ عَلِيمٌ (٥٦) وَكَذٰلِكَ مَكَّنَّا لِيُوسُفَ فِي ٱلْأَرْضِ يَتَبَوَّأُ مِنْهَا حَيْثُ يَشَآءُ نُصِيبُ بِرَحْمَتِنَا مَنْ نَشَآءُ وَلَا نُضِيعُ أَجْرَ ٱلْمُحْسِنِينَ (٥٧) وَلَأَجْرُ ٱلْآخِرَةِ خَيْرٌ لِلَّذِينَ آمَنُوا وَكَانُوا يَتَّقُونَ ۝

* (سورة التّحريم ٦٦) *

مدنيّة وآيها اثنتا عشرة آية

بِسْمِ ٱللَّهِ ٱلرَّحْمٰنِ ٱلرَّحِيمِ

(١) يَا أَيُّهَا ٱلنَّبِيُّ لِمَ تُحَرِّمُ مَا أَحَلَّ ٱللَّهُ لَكَ تَبْتَغِي مَرْضَاتَ أَزْوَاجِكَ وَٱللَّهُ غَفُورٌ رَحِيمٌ (٢) قَدْ فَرَضَ ٱللَّهُ لَكُمْ تَحِلَّةَ أَيْمَانِكُمْ وَٱللَّهُ مَوْلَاكُمْ وَهُوَ ٱلْعَلِيمُ ٱلْحَكِيمُ

(٣) وَإِذْ أَسَرَّ ٱلنَّبِيُّ إِلَى بَعْضِ أَزْوَاجِهِ حَدِيثًا فَلَمَّا
نَبَّأَتْ بِهِ وَأَظْهَرَهُ ٱللَّهُ عَلَيْهِ عَرَّفَ بَعْضَهُ وَأَعْرَضَ عَنْ
بَعْضٍ فَلَمَّا نَبَّأَهَا بِهِ قَالَتْ مَنْ أَنْبَأَكَ هٰذَا قَالَ
نَبَّأَنِيَ ٱلْعَلِيمُ ٱلْخَبِيرُ (٤) إِنْ تَتُوبَا إِلَى ٱللَّهِ فَقَدْ
صَغَتْ قُلُوبُكُمَا وَإِنْ تَظَّاهَرَا عَلَيْهِ فَإِنَّ ٱللَّهَ هُوَ مَوْلَاهُ
وَجِبْرِيلُ وَصَالِحُ ٱلْمُؤْمِنِينَ وَٱلْمَلَائِكَةُ بَعْدَ ذٰلِكَ ظَهِيرٌ
(٥) عَسَى رَبُّهُ إِنْ طَلَّقَكُنَّ أَنْ يُبَدِّلَهُ أَزْوَاجًا خَيْرًا
مِنْكُنَّ مُسْلِمَاتٍ مُؤْمِنَاتٍ قَانِتَاتٍ تَائِبَاتٍ عَابِدَاتٍ
سَائِحَاتٍ ثَيِّبَاتٍ وَأَبْكَارًا (٦) يَا أَيُّهَا ٱلَّذِينَ آمَنُوا
قُوا أَنْفُسَكُمْ وَأَهْلِيكُمْ نَارًا وَقُودُهَا ٱلنَّاسُ وَٱلْحِجَارَةُ
عَلَيْهَا مَلَائِكَةٌ غِلَاظٌ شِدَادٌ لَا يَعْصُونَ ٱللَّهَ مَا أَمَرَهُمْ
وَيَفْعَلُونَ مَا يُؤْمَرُونَ (٧) يَا أَيُّهَا ٱلَّذِينَ كَفَرُوا لَا
تَعْتَذِرُوا ٱلْيَوْمَ إِنَّمَا تُجْزَوْنَ مَا كُنْتُمْ تَعْمَلُونَ (٨) يَا
أَيُّهَا ٱلَّذِينَ آمَنُوا تُوبُوا إِلَى ٱللَّهِ تَوْبَةً نَصُوحًا عَسَى
رَبُّكُمْ أَنْ يُكَفِّرَ عَنْكُمْ سَيِّآتِكُمْ وَيُدْخِلَكُمْ جَنَّاتٍ تَجْرِي
مِنْ تَحْتِهَا ٱلْأَنْهَارُ يَوْمَ لَا يُخْزِي ٱللَّهُ ٱلنَّبِيَّ وَٱلَّذِينَ
آمَنُوا مَعَهُ نُورُهُمْ يَسْعَى بَيْنَ أَيْدِيهِمْ وَبِأَيْمَانِهِمْ
يَقُولُونَ رَبَّنَا أَتْمِمْ لَنَا نُورَنَا وَٱغْفِرْ لَنَا إِنَّكَ عَلَى كُلِّ

شَىْءٍ قَدِيرٌ (٩) يَا أَيُّهَا ٱلنَّبِىُّ جَاهِدِ ٱلْكُفَّارَ وَٱلْمُنَافِقِينَ وَٱغْلُظْ عَلَيْهِمْ وَمَأْوَاهُمْ جَهَنَّمُ وَبِئْسَ ٱلْمَصِيرُ (١٠) ضَرَبَ ٱللَّهُ مَثَلًا لِلَّذِينَ كَفَرُوا ٱمْرَأَتَ نُوحٍ وَٱمْرَأَتَ لُوطٍ كَانَتَا تَحْتَ عَبْدَيْنِ مِنْ عِبَادِنَا صَالِحَيْنِ فَخَانَتَاهُمَا فَلَمْ يُغْنِيَا عَنْهُمَا مِنَ ٱللَّهِ شَيْئًا وَقِيلَ ٱدْخُلَا ٱلنَّارَ مَعَ ٱلدَّاخِلِينَ (١١) وَضَرَبَ ٱللَّهُ مَثَلًا لِلَّذِينَ آمَنُوا ٱمْرَأَتَ فِرْعَوْنَ إِذْ قَالَتْ رَبِّ ٱبْنِ لِى عِنْدَكَ بَيْتًا فِى ٱلْجَنَّةِ وَنَجِّنِى مِنْ فِرْعَوْنَ وَعَمَلِهِ وَنَجِّنِى مِنَ ٱلْقَوْمِ ٱلظَّالِمِينَ (١٢) وَمَرْيَمَ ٱبْنَتَ عِمْرَانَ ٱلَّتِى أَحْصَنَتْ فَرْجَهَا فَنَفَخْنَا فِيهِ مِنْ رُوحِنَا وَصَدَّقَتْ بِكَلِمَاتِ رَبِّهَا وَكِتَابِهِ وَكَانَتْ مِنَ ٱلْقَانِتِينَ ۞

* (نُبَذ مختارات من سورة البَقَرة ٢) *

مدنيّة وآيها مائتان وستّ وثمانون آية

بِسْمِ ٱللَّهِ ٱلرَّحْمٰنِ ٱلرَّحِيمِ

(١٣٩) قَدْ نَرَى تَقَلُّبَ وَجْهِكَ فِى ٱلسَّمَاءِ فَلَنُوَلِّيَنَّكَ قِبْلَةً تَرْضَاهَا فَوَلِّ وَجْهَكَ شَطْرَ ٱلْمَسْجِدِ ٱلْحَرَامِ وَحَيْثُ مَا كُنْتُمْ فَوَلُّوا وُجُوهَكُمْ شَطْرَهُ وَإِنَّ ٱلَّذِينَ أُوتُوا

ٱلْكِتَابَ لَيَعْلَمُونَ أَنَّهُ ٱلْحَقُّ مِنْ رَبِّهِمْ وَمَا ٱللّٰهُ بِغَافِلٍ عَمَّا تَعْمَلُونَ (١٦٧) يَا أَيُّهَا ٱلَّذِينَ آمَنُوا كُلُوا مِنْ طَيِّبَاتِ مَا رَزَقْنَاكُمْ وَٱشْكُرُوا لِلّٰهِ إِنْ كُنْتُمْ إِيَّاهُ تَعْبُدُونَ (١٦٨) إِنَّمَا حَرَّمَ عَلَيْكُمُ ٱلْمَيْتَةَ وَٱلدَّمَ وَلَحْمَ ٱلْخِنْزِيرِ وَمَا أُهِلَّ بِهِ لِغَيْرِ ٱللّٰهِ فَمَنُ ٱضْطُرَّ غَيْرَ بَاغٍ وَلَا عَادٍ فَلَا إِثْمَ عَلَيْهِ إِنَّ ٱللّٰهَ غَفُورٌ رَحِيمٌ (١٧٢) لَيْسَ ٱلْبِرَّ أَنْ تُوَلُّوا وُجُوهَكُمْ قِبَلَ ٱلْمَشْرِقِ وَٱلْمَغْرِبِ وَلٰكِنَّ ٱلْبِرَّ مَنْ آمَنَ بِٱللّٰهِ وَٱلْيَوْمِ ٱلْآخِرِ وَٱلْمَلَائِكَةِ وَٱلْكِتَابِ وَٱلنَّبِيِّينَ وَآتَى ٱلْمَالَ عَلَى حُبِّهِ ذَوِي ٱلْقُرْبَى وَٱلْيَتَامَى وَٱلْمَسَاكِينَ وَٱبْنَ ٱلسَّبِيلِ وَٱلسَّائِلِينَ وَفِي ٱلرِّقَابِ وَأَقَامَ ٱلصَّلٰوةَ وَآتَى ٱلزَّكٰوةَ وَٱلْمُوفُونَ بِعَهْدِهِمْ إِذَا عَاهَدُوا وَٱلصَّابِرِينَ فِي ٱلْبَأْسَاءِ وَٱلضَّرَّاءِ وَحِينَ ٱلْبَأْسِ أُولٰئِكَ ٱلَّذِينَ صَدَقُوا وَأُولٰئِكَ هُمُ ٱلْمُتَّقُونَ (١٧٣) يَا أَيُّهَا ٱلَّذِينَ آمَنُوا كُتِبَ عَلَيْكُمُ ٱلْقِصَاصُ فِي ٱلْقَتْلَى ٱلْحُرُّ بِٱلْحُرِّ وَٱلْعَبْدُ بِٱلْعَبْدِ وَٱلْأُنْثَى بِٱلْأُنْثَى فَمَنْ عُفِيَ لَهُ مِنْ أَخِيهِ شَيْءٌ فَٱتِّبَاعٌ بِٱلْمَعْرُوفِ وَأَدَاءٌ إِلَيْهِ بِإِحْسَانٍ (١٧٤) ذٰلِكَ تَخْفِيفٌ مِنْ رَبِّكُمْ وَرَحْمَةٌ فَمَنِ ٱعْتَدَى بَعْدَ ذٰلِكَ فَلَهُ عَذَابٌ أَلِيمٌ (١٧٥) وَلَكُمْ

فِى ٱلْقِصَاصِ حَيٰوةٌ يَا أُولِى ٱلْأَلْبَابِ لَعَلَّكُمْ تَتَّقُونَ (١٧٦) كُتِبَ عَلَيْكُمْ إِذَا حَضَرَ أَحَدَكُمُ ٱلْمَوْتُ إِنْ تَرَكَ خَيْرًا ٱلْوَصِيَّةُ لِلْوَالِدَيْنِ وَٱلْأَقْرَبِينَ بِٱلْمَعْرُوفِ حَقًّا عَلَى ٱلْمُتَّقِينَ (١٧٧) فَمَنْ بَدَّلَهُ بَعْدَ مَا سَمِعَهُ فَإِنَّمَا إِثْمُهُ عَلَى ٱلَّذِينَ يُبَدِّلُونَهُ إِنَّ ٱللَّهَ سَمِيعٌ عَلِيمٌ (١٧٨) فَمَنْ خَافَ مِنْ مُوصٍ جَنَفًا أَوْ إِثْمًا فَأَصْلَحَ بَيْنَهُمْ فَلَا إِثْمَ عَلَيْهِ إِنَّ ٱللَّهَ غَفُورٌ رَحِيمٌ (١٧٩) يَا أَيُّهَا ٱلَّذِينَ آمَنُوا كُتِبَ عَلَيْكُمُ ٱلصِّيَامُ كَمَا كُتِبَ عَلَى ٱلَّذِينَ مِنْ قَبْلِكُمْ لَعَلَّكُمْ تَتَّقُونَ (١٨٠) أَيَّامًا مَعْدُودَاتٍ فَمَنْ كَانَ مِنْكُمْ مَرِيضًا أَوْ عَلَى سَفَرٍ فَعِدَّةٌ مِنْ أَيَّامٍ أُخَرَ وَعَلَى ٱلَّذِينَ يُطِيقُونَهُ فِدْيَةٌ طَعَامُ مِسْكِينٍ فَمَنْ تَطَوَّعَ خَيْرًا فَهُوَ خَيْرٌ لَهُ وَأَنْ تَصُومُوا خَيْرٌ لَكُمْ إِنْ كُنْتُمْ تَعْلَمُونَ (١٨١) شَهْرُ رَمَضَانَ ٱلَّذِى أُنْزِلَ فِيهِ ٱلْقُرْآنُ هُدًى لِلنَّاسِ وَبَيِّنَاتٍ مِنَ ٱلْهُدَى وَٱلْفُرْقَانِ فَمَنْ شَهِدَ مِنْكُمُ ٱلشَّهْرَ فَلْيَصُمْهُ وَمَنْ كَانَ مَرِيضًا أَوْ عَلَى سَفَرٍ فَعِدَّةٌ مِنْ أَيَّامٍ أُخَرَ يُرِيدُ ٱللَّهُ بِكُمُ ٱلْيُسْرَ وَلَا يُرِيدُ بِكُمُ ٱلْعُسْرَ وَلِتُكْمِلُوا ٱلْعِدَّةَ وَلِتُكَبِّرُوا ٱللَّهَ عَلَى مَا هَدَاكُمْ وَلَعَلَّكُمْ تَشْكُرُونَ (١٨٢) وَإِذَا سَأَلَكَ

عِبَادِي عَنِّي فَإِنِّي قَرِيبٌ أُجِيبُ دَعْوَةَ ٱلدَّاعِ إِذَا دَعَانِ
فَلْيَسْتَجِيبُوا لِي وَلْيُؤْمِنُوا بِي لَعَلَّهُمْ يَرْشُدُونَ (١٨٣) أُحِلَّ
لَكُمْ لَيْلَةَ ٱلصِّيَامِ ٱلرَّفَثُ إِلَى نِسَآئِكُمْ هُنَّ لِبَاسٌ لَكُمْ
وَأَنْتُمْ لِبَاسٌ لَهُنَّ عَلِمَ ٱللَّهُ أَنَّكُمْ كُنْتُمْ تَخْتَانُونَ أَنْفُسَكُمْ
فَتَابَ عَلَيْكُمْ وَعَفَا عَنْكُمْ فَٱلْآنَ بَاشِرُوهُنَّ وَٱبْتَغُوا مَا
كَتَبَ ٱللَّهُ لَكُمْ وَكُلُوا وَٱشْرَبُوا حَتَّى يَتَبَيَّنَ لَكُمُ ٱلْخَيْطُ
ٱلْأَبْيَضُ مِنَ ٱلْخَيْطِ ٱلْأَسْوَدِ مِنَ ٱلْفَجْرِ ثُمَّ أَتِمُّوا ٱلصِّيَامَ
إِلَى ٱللَّيْلِ وَلَا تُبَاشِرُوهُنَّ وَأَنْتُمْ عَاكِفُونَ فِي ٱلْمَسَاجِدِ
تِلْكَ حُدُودُ ٱللَّهِ فَلَا تَقْرَبُوهَا كَذَٰلِكَ يُبَيِّنُ ٱللَّهُ آيَاتِهِ
لِلنَّاسِ لَعَلَّهُمْ يَتَّقُونَ (١٨٥) يَسْأَلُونَكَ عَنِ ٱلْأَهِلَّةِ قُلْ
هِيَ مَوَاقِيتُ لِلنَّاسِ وَٱلْحَجِّ وَلَيْسَ ٱلْبِرُّ بِأَنْ تَأْتُوا
ٱلْبُيُوتَ مِنْ ظُهُورِهَا وَلَٰكِنَّ ٱلْبِرَّ مَنِ ٱتَّقَى وَأْتُوا
ٱلْبُيُوتَ مِنْ أَبْوَابِهَا وَٱتَّقُوا ٱللَّهَ لَعَلَّكُمْ تُفْلِحُونَ
(١٨٦) وَقَاتِلُوا فِي سَبِيلِ ٱللَّهِ ٱلَّذِينَ يُقَاتِلُونَكُمْ وَلَا
تَعْتَدُوا إِنَّ ٱللَّهَ لَا يُحِبُّ ٱلْمُعْتَدِينَ (١٨٧) وَٱقْتُلُوهُمْ
حَيْثُ ثَقِفْتُمُوهُمْ وَأَخْرِجُوهُمْ مِنْ حَيْثُ أَخْرَجُوكُمْ
وَٱلْفِتْنَةُ أَشَدُّ مِنَ ٱلْقَتْلِ وَلَا تُقَاتِلُوهُمْ عِنْدَ ٱلْمَسْجِدِ
ٱلْحَرَامِ حَتَّى يُقَاتِلُوكُمْ فِيهِ فَإِنْ قَاتَلُوكُمْ فَٱقْتُلُوهُمْ

كَذَٰلِكَ جَزَآءُ ٱلْكَافِرِينَ (١٨٨) فَإِنِ ٱنْتَهَوْا۟ فَإِنَّ ٱللَّهَ
غَفُورٌ رَحِيمٌ (١٨٩) وَقَاتِلُوهُمْ حَتَّى لَا تَكُونَ فِتْنَةٌ وَيَكُونَ
ٱلدِّينُ لِلَّهِ فَإِنِ ٱنْتَهَوْا۟ فَلَا عُدْوَانَ إِلَّا عَلَى ٱلظَّالِمِينَ
(١٩٠) اَلشَّهْرُ ٱلْحَرَامُ بِٱلشَّهْرِ ٱلْحَرَامِ وَٱلْحُرُمَاتُ قِصَاصٌ
فَمَنِ ٱعْتَدَى عَلَيْكُمْ فَٱعْتَدُوا عَلَيْهِ بِمِثْلِ مَا ٱعْتَدَى
عَلَيْكُمْ وَٱتَّقُوا ٱللَّهَ وَٱعْلَمُوا أَنَّ ٱللَّهَ مَعَ ٱلْمُتَّقِينَ
(١٩١) وَأَنْفِقُوا فِي سَبِيلِ ٱللَّهِ وَلَا تُلْقُوا بِأَيْدِيكُمْ إِلَى
ٱلتَّهْلُكَةِ وَأَحْسِنُوا إِنَّ ٱللَّهَ يُحِبُّ ٱلْمُحْسِنِينَ (١٩٢) وَأَتِمُّوا
ٱلْحَجَّ وَٱلْعُمْرَةَ لِلَّهِ فَإِنْ أُحْصِرْتُمْ فَمَا ٱسْتَيْسَرَ مِنَ
ٱلْهَدْيِ وَلَا تَحْلِقُوا رُؤُوسَكُمْ حَتَّى يَبْلُغَ ٱلْهَدْيُ
مَحِلَّهُ فَمَنْ كَانَ مِنْكُمْ مَرِيضًا أَوْ بِهِ أَذًى مِنْ رَأْسِهِ
فَفِدْيَةٌ مِنْ صِيَامٍ أَوْ صَدَقَةٍ أَوْ نُسُكٍ فَإِذَا أَمِنْتُمْ فَمَنْ
تَمَتَّعَ بِٱلْعُمْرَةِ إِلَى ٱلْحَجِّ فَمَا ٱسْتَيْسَرَ مِنَ ٱلْهَدْيِ فَمَنْ
لَمْ يَجِدْ فَصِيَامُ ثَلَٰثَةِ أَيَّامٍ فِي ٱلْحَجِّ وَسَبْعَةٍ إِذَا رَجَعْتُمْ
تِلْكَ عَشَرَةٌ كَامِلَةٌ ذَٰلِكَ لِمَنْ لَمْ يَكُنْ أَهْلُهُ حَاضِرِي
ٱلْمَسْجِدِ ٱلْحَرَامِ وَٱتَّقُوا ٱللَّهَ وَٱعْلَمُوا أَنَّ ٱللَّهَ شَدِيدُ
ٱلْعِقَابِ (١٩٣) اَلْحَجُّ أَشْهُرٌ مَعْلُومَاتٌ فَمَنْ فَرَضَ فِيهِنَّ
ٱلْحَجَّ فَلَا رَفَثَ وَلَا فُسُوقَ وَلَا جِدَالَ فِي ٱلْحَجِّ وَمَا

تَفْعَلُوا مِنْ خَيْرٍ يَعْلَمْهُ ٱللَّهُ وَتَزَوَّدُوا فَإِنَّ خَيْرَ ٱلزَّادِ

ٱلتَّقْوَى وَٱتَّقُونِ يَا أُولِي ٱلْأَلْبَابِ (١٩٤) لَيْسَ عَلَيْكُمْ

جُنَاحٌ أَنْ تَبْتَغُوا فَضْلًا مِنْ رَبِّكُمْ فَإِذَا أَفَضْتُمْ مِنْ

عَرَفَاتٍ فَٱذْكُرُوا ٱللَّهَ عِنْدَ ٱلْمَشْعَرِ ٱلْحَرَامِ وَٱذْكُرُوهُ

كَمَا هَدَاكُمْ وَإِنْ كُنْتُمْ مِنْ قَبْلِهِ لَمِنَ ٱلضَّالِّينَ (١٩٥) ثُمَّ

أَفِيضُوا مِنْ حَيْثُ أَفَاضَ ٱلنَّاسُ وَٱسْتَغْفِرُوا ٱللَّهَ إِنَّ

ٱللَّهَ غَفُورٌ رَحِيمٌ (١٩٩) فَإِذَا قَضَيْتُمْ مَنَاسِكَكُمْ فَٱذْكُرُوا

ٱللَّهَ كَذِكْرِكُمْ آبَاءَكُمْ أَوْ أَشَدَّ ذِكْرًا فَمِنَ ٱلنَّاسِ مَنْ

يَقُولُ رَبَّنَا آتِنَا فِى ٱلدُّنْيَا وَمَا لَهُ فِى ٱلْآخِرَةِ مِنْ

خَلَاقٍ (٢١١) يَسْأَلُونَكَ مَا ذَا يُنْفِقُونَ قُلْ مَا أَنْفَقْتُمْ مِنْ

خَيْرٍ فَلِلْوَالِدَيْنِ وَٱلْأَقْرَبِينَ وَٱلْيَتَامَى وَٱلْمَسَاكِينِ

وَٱبْنِ ٱلسَّبِيلِ وَمَا تَفْعَلُوا مِنْ خَيْرٍ فَإِنَّ ٱللَّهَ بِهِ عَلِيمٌ

(٢١٢) كُتِبَ عَلَيْكُمُ ٱلْقِتَالُ وَهُوَ كُرْهٌ لَكُمْ (٢١٣) وَعَسَى

أَنْ تَكْرَهُوا شَيْئًا وَهُوَ خَيْرٌ لَكُمْ وَعَسَى أَنْ تُحِبُّوا

شَيْئًا وَهُوَ شَرٌّ لَكُمْ وَٱللَّهُ يَعْلَمُ وَأَنْتُمْ لَا تَعْلَمُونَ

(٢١٤) يَسْأَلُونَكَ عَنِ ٱلشَّهْرِ ٱلْحَرَامِ قِتَالٍ فِيهِ قُلْ

قِتَالٌ فِيهِ كَبِيرٌ وَصَدٌّ عَنْ سَبِيلِ ٱللَّهِ وَكُفْرٌ بِهِ

وَٱلْمَسْجِدِ ٱلْحَرَامِ وَإِخْرَاجُ أَهْلِهِ مِنْهُ أَكْبَرُ عِنْدَ ٱللَّهِ

وَٱلْفِتْنَةُ أَكْبَرُ مِنَ ٱلْقَتْلِ وَلَا يَزَالُونَ يُقَاتِلُونَكُمْ حَتَّى يَرُدُّوكُمْ عَنْ دِينِكُمْ إِنِ ٱسْتَطَاعُوا وَمَنْ يَرْتَدِدْ مِنْكُمْ عَنْ دِينِهِ فَيَمُتْ وَهُوَ كَافِرٌ فَأُولٰئِكَ حَبِطَتْ أَعْمَالُهُمْ فِي ٱلدُّنْيَا وَٱلْآخِرَةِ وَأُولٰئِكَ أَصْحَابُ ٱلنَّارِ هُمْ فِيهَا خَالِدُونَ (٢١٥) إِنَّ ٱلَّذِينَ آمَنُوا وَٱلَّذِينَ هَاجَرُوا وَجَاهَدُوا فِي سَبِيلِ ٱللّٰهِ أُولٰئِكَ يَرْجُونَ رَحْمَتَ ٱللّٰهِ وَٱللّٰهُ غَفُورٌ رَحِيمٌ (٢١٦) يَسْأَلُونَكَ عَنِ ٱلْخَمْرِ وَٱلْمَيْسِرِ قُلْ فِيهِمَا إِثْمٌ كَبِيرٌ وَمَنَافِعُ لِلنَّاسِ وَإِثْمُهُمَا أَكْبَرُ مِنْ نَفْعِهِمَا وَيَسْأَلُونَكَ مَا ذَا يُنْفِقُونَ (٢١٧) قُلِ ٱلْعَفْوَ كَذٰلِكَ يُبَيِّنُ ٱللّٰهُ لَكُمُ ٱلْآيَاتِ لَعَلَّكُمْ تَتَفَكَّرُونَ (٢١٨) فِي ٱلدُّنْيَا وَٱلْآخِرَةِ وَيَسْأَلُونَكَ عَنِ ٱلْيَتَامَى قُلْ إِصْلَاحٌ لَهُمْ خَيْرٌ (٢١٩) وَإِنْ تُخَالِطُوهُمْ فَإِخْوَانُكُمْ وَٱللّٰهُ يَعْلَمُ ٱلْمُفْسِدَ مِنَ ٱلْمُصْلِحِ وَلَوْ شَاءَ ٱللّٰهُ لَأَعْنَتَكُمْ إِنَّ ٱللّٰهَ عَزِيزٌ حَكِيمٌ (٢٢٠) وَلَا تَنْكِحُوا ٱلْمُشْرِكَاتِ حَتَّى يُؤْمِنَّ وَلَأَمَةٌ مُؤْمِنَةٌ خَيْرٌ مِنْ مُشْرِكَةٍ وَلَوْ أَعْجَبَتْكُمْ وَلَا تُنْكِحُوا ٱلْمُشْرِكِينَ حَتَّى يُؤْمِنُوا وَلَعَبْدٌ مُؤْمِنٌ خَيْرٌ مِنْ مُشْرِكٍ وَلَوْ أَعْجَبَكُمْ (٢٢١) أُولٰئِكَ يَدْعُونَ إِلَى ٱلنَّارِ وَٱللّٰهُ يَدْعُو إِلَى ٱلْجَنَّةِ وَٱلْمَغْفِرَةِ

بِإِذْنِهِ وَيُبَيِّنُ آيَاتِهِ لِلنَّاسِ لَعَلَّهُمْ يَتَذَكَّرُونَ
(٢٢٢) وَيَسْأَلُونَكَ عَنِ ٱلْمَحِيضِ قُلْ هُوَ أَذًى فَٱعْتَزِلُوا
ٱلنِّسَآءَ فِى ٱلْمَحِيضِ وَلَا تَقْرَبُوهُنَّ حَتَّى يَطْهُرْنَ فَإِذَا
تَطَهَّرْنَ فَأْتُوهُنَّ مِنْ حَيْثُ أَمَرَكُمُ ٱللَّهُ إِنَّ ٱللَّهَ يُحِبُّ
ٱلتَّوَّابِينَ وَيُحِبُّ ٱلْمُتَطَهِّرِينَ (٢٢٣) نِسَآؤُكُمْ حَرْثٌ
لَكُمْ فَأْتُوا حَرْثَكُمْ أَنَّى شِئْتُمْ وَقَدِّمُوا لِأَنْفُسِكُمْ وَٱتَّقُوا
ٱللَّهَ وَٱعْلَمُوا أَنَّكُمْ مُلَاقُوهُ وَبَشِّرِ ٱلْمُؤْمِنِينَ (٢٢۴) وَلَا
تَجْعَلُوا ٱللَّهَ عُرْضَةً لِأَيْمَانِكُمْ أَنْ تَبَرُّوا وَتَتَّقُوا وَتُصْلِحُوا
بَيْنَ ٱلنَّاسِ وَٱللَّهُ سَمِيعٌ عَلِيمٌ (٢٢٥) لَا يُؤَاخِذُكُمُ
ٱللَّهُ بِٱللَّغْوِ فِى أَيْمَانِكُمْ وَلَكِنْ يُؤَاخِذُكُمْ بِمَا كَسَبَتْ
قُلُوبُكُمْ وَٱللَّهُ غَفُورٌ حَلِيمٌ (٢٢۶) لِلَّذِينَ يُؤْلُونَ مِنْ
نِسَآئِهِمْ تَرَبُّصُ أَرْبَعَةِ أَشْهُرٍ فَإِنْ فَآءُوا فَإِنَّ ٱللَّهَ
غَفُورٌ رَحِيمٌ (٢٢٧) وَإِنْ عَزَمُوا ٱلطَّلَاقَ فَإِنَّ ٱللَّهَ سَمِيعٌ
عَلِيمٌ (٢٢٨) وَٱلْمُطَلَّقَاتُ يَتَرَبَّصْنَ بِأَنْفُسِهِنَّ ثَلَٰثَةَ
قُرُوٓءٍ وَلَا يَحِلُّ لَهُنَّ أَنْ يَكْتُمْنَ مَا خَلَقَ ٱللَّهُ فِى
أَرْحَامِهِنَّ إِنْ كُنَّ يُؤْمِنَّ بِٱللَّهِ وَٱلْيَوْمِ ٱلْآخِرِ وَبُعُولَتُهُنَّ
أَحَقُّ بِرَدِّهِنَّ فِى ذَٰلِكَ إِنْ أَرَادُوا إِصْلَاحًا وَلَهُنَّ
مِثْلُ ٱلَّذِى عَلَيْهِنَّ بِٱلْمَعْرُوفِ وَلِلرِّجَالِ عَلَيْهِنَّ دَرَجَةٌ

وَٱللَّهُ عَزِيزٌ حَكِيمٌ (٢٢٩) ٱلطَّلَاقُ مَرَّتَانِ فَإِمْسَاكٌ
بِمَعْرُوفٍ أَوْ تَسْرِيحٌ بِإِحْسَانٍ وَلَا يَحِلُّ لَكُمْ أَنْ تَأْخُذُوا
مِمَّا آتَيْتُمُوهُنَّ شَيْئًا إِلَّا أَنْ يَخَافَا أَلَّا يُقِيمَا حُدُودَ ٱللَّهِ
فَإِنْ خِفْتُمْ أَلَّا يُقِيمَا حُدُودَ ٱللَّهِ فَلَا جُنَاحَ عَلَيْهِمَا
فِيمَا ٱفْتَدَتْ بِهِ تِلْكَ حُدُودُ ٱللَّهِ فَلَا تَعْتَدُوهَا وَمَنْ
يَتَعَدَّ حُدُودَ ٱللَّهِ فَأُولَٰئِكَ هُمُ ٱلظَّالِمُونَ (٢٣٠) فَإِنْ
طَلَّقَهَا فَلَا تَحِلُّ لَهُ مِنْ بَعْدُ حَتَّىٰ تَنْكِحَ زَوْجًا غَيْرَهُ
فَإِنْ طَلَّقَهَا فَلَا جُنَاحَ عَلَيْهِمَا أَنْ يَتَرَاجَعَا إِنْ ظَنَّا
أَنْ يُقِيمَا حُدُودَ ٱللَّهِ وَتِلْكَ حُدُودُ ٱللَّهِ يُبَيِّنُهَا لِقَوْمٍ
يَعْلَمُونَ (٢٣١) وَإِذَا طَلَّقْتُمُ ٱلنِّسَاءَ فَبَلَغْنَ أَجَلَهُنَّ
فَأَمْسِكُوهُنَّ بِمَعْرُوفٍ أَوْ سَرِّحُوهُنَّ بِمَعْرُوفٍ وَلَا تُمْسِكُوهُنَّ
ضِرَارًا لِتَعْتَدُوا وَمَنْ يَفْعَلْ ذَٰلِكَ فَقَدْ ظَلَمَ نَفْسَهُ وَلَا
تَتَّخِذُوا آيَاتِ ٱللَّهِ هُزُوًا وَٱذْكُرُوا نِعْمَتَ ٱللَّهِ عَلَيْكُمْ
وَمَا أَنْزَلَ عَلَيْكُمْ مِنَ ٱلْكِتَابِ وَٱلْحِكْمَةِ يَعِظُكُمْ بِهِ
وَٱتَّقُوا ٱللَّهَ وَٱعْلَمُوا أَنَّ ٱللَّهَ بِكُلِّ شَيْءٍ عَلِيمٌ (٢٣٢) وَإِذَا
طَلَّقْتُمُ ٱلنِّسَاءَ فَبَلَغْنَ أَجَلَهُنَّ فَلَا تَعْضُلُوهُنَّ أَنْ
يَنْكِحْنَ أَزْوَاجَهُنَّ إِذَا تَرَاضَوْا بَيْنَهُمْ بِٱلْمَعْرُوفِ ذَٰلِكَ
يُوعَظُ بِهِ مَنْ كَانَ مِنْكُمْ يُؤْمِنُ بِٱللَّهِ وَٱلْيَوْمِ ٱلْآخِرِ

ذَٰلِكُمْ أَزْكَىٰ لَكُمْ وَأَطْهَرُ وَٱللَّهُ يَعْلَمُ وَأَنتُمْ لَا تَعْلَمُونَ
(٢٣٣) وَٱلْوَٰلِدَٰتُ يُرْضِعْنَ أَوْلَٰدَهُنَّ حَوْلَيْنِ كَامِلَيْنِ
لِمَنْ أَرَادَ أَن يُتِمَّ ٱلرَّضَاعَةَ وَعَلَى ٱلْمَوْلُودِ لَهُۥ رِزْقُهُنَّ
وَكِسْوَتُهُنَّ بِٱلْمَعْرُوفِ لَا تُكَلَّفُ نَفْسٌ إِلَّا وُسْعَهَا لَا
تُضَآرَّ وَٰلِدَةٌۢ بِوَلَدِهَا وَلَا مَوْلُودٌ لَّهُۥ بِوَلَدِهِۦ وَعَلَى ٱلْوَارِثِ
مِثْلُ ذَٰلِكَ فَإِنْ أَرَادَا فِصَالًا عَن تَرَاضٍ مِّنْهُمَا وَتَشَاوُرٍ
فَلَا جُنَاحَ عَلَيْهِمَا وَإِنْ أَرَدتُّمْ أَن تَسْتَرْضِعُوٓا۟ أَوْلَٰدَكُمْ
فَلَا جُنَاحَ عَلَيْكُمْ إِذَا سَلَّمْتُم مَّآ ءَاتَيْتُم بِٱلْمَعْرُوفِ
وَٱتَّقُوا۟ ٱللَّهَ وَٱعْلَمُوٓا۟ أَنَّ ٱللَّهَ بِمَا تَعْمَلُونَ بَصِيرٌ
(٢٣٤) وَٱلَّذِينَ يُتَوَفَّوْنَ مِنكُمْ وَيَذَرُونَ أَزْوَٰجًا يَتَرَبَّصْنَ
بِأَنفُسِهِنَّ أَرْبَعَةَ أَشْهُرٍ وَعَشْرًا فَإِذَا بَلَغْنَ أَجَلَهُنَّ
فَلَا جُنَاحَ عَلَيْكُمْ فِيمَا فَعَلْنَ فِىٓ أَنفُسِهِنَّ بِٱلْمَعْرُوفِ
وَٱللَّهُ بِمَا تَعْمَلُونَ خَبِيرٌ (٢٣٥) وَلَا جُنَاحَ عَلَيْكُمْ
فِيمَا عَرَّضْتُم بِهِۦ مِنْ خِطْبَةِ ٱلنِّسَآءِ أَوْ أَكْنَنتُمْ فِىٓ أَنفُسِكُمْ
عَلِمَ ٱللَّهُ أَنَّكُمْ سَتَذْكُرُونَهُنَّ وَلَٰكِن لَّا تُوَاعِدُوهُنَّ
سِرًّا إِلَّآ أَن تَقُولُوا۟ قَوْلًا مَّعْرُوفًا (٢٣٦) وَلَا تَعْزِمُوا۟
عُقْدَةَ ٱلنِّكَاحِ حَتَّىٰ يَبْلُغَ ٱلْكِتَٰبُ أَجَلَهُۥ وَٱعْلَمُوٓا۟ أَنَّ
ٱللَّهَ يَعْلَمُ مَا فِىٓ أَنفُسِكُمْ فَٱحْذَرُوهُ وَٱعْلَمُوٓا۟ أَنَّ ٱللَّهَ

غَفُورٌ حَلِيمٌ (٢٣٧) لَا جُنَاحَ عَلَيْكُمْ إِنْ طَلَّقْتُمُ ٱلنِّسَآءَ مَا لَمْ تَمَسُّوهُنَّ أَوْ تَفْرِضُوا لَهُنَّ فَرِيضَةً وَمَتِّعُوهُنَّ عَلَى ٱلْمُوسِعِ قَدْرُهُ وَعَلَى ٱلْمُقْتِرِ قَدْرُهُ مَتَاعًا بِٱلْمَعْرُوفِ حَقًّا عَلَى ٱلْمُحْسِنِينَ (٢٣٨) وَإِنْ طَلَّقْتُمُوهُنَّ مِنْ قَبْلِ أَنْ تَمَسُّوهُنَّ وَقَدْ فَرَضْتُمْ لَهُنَّ فَرِيضَةً فَنِصْفُ مَا فَرَضْتُمْ إِلَّا أَنْ يَعْفُونَ أَوْ يَعْفُوَ ٱلَّذِي بِيَدِهِ عُقْدَةُ ٱلنِّكَاحِ وَأَنْ تَعْفُوا أَقْرَبُ لِلتَّقْوَى وَلَا تَنْسَوُا ٱلْفَضْلَ بَيْنَكُمْ إِنَّ ٱللَّهَ بِمَا تَعْمَلُونَ بَصِيرٌ (٢٣٩) حَافِظُوا عَلَى ٱلصَّلَوَاتِ وَٱلصَّلَوٰةِ ٱلْوُسْطَى وَقُومُوا لِلَّهِ قَانِتِينَ (٢٤٠) فَإِنْ خِفْتُمْ فَرِجَالًا أَوْ رُكْبَانًا فَإِذَا أَمِنْتُمْ فَٱذْكُرُوا ٱللَّهَ كَمَا عَلَّمَكُمْ مَا لَمْ تَكُونُوا تَعْلَمُونَ (٢٤١) وَٱلَّذِينَ يُتَوَفَّوْنَ مِنْكُمْ وَيَذَرُونَ أَزْوَاجًا وَصِيَّةٌ لِأَزْوَاجِهِمْ مَتَاعًا إِلَى ٱلْحَوْلِ غَيْرَ إِخْرَاجٍ فَإِنْ خَرَجْنَ فَلَا جُنَاحَ عَلَيْكُمْ فِي مَا فَعَلْنَ فِي أَنْفُسِهِنَّ مِنْ مَعْرُوفٍ وَٱللَّهُ عَزِيزٌ حَكِيمٌ (٢٤٢) وَلِلْمُطَلَّقَاتِ مَتَاعٌ بِٱلْمَعْرُوفِ حَقًّا عَلَى ٱلْمُتَّقِينَ (٢٤٣) كَذَٰلِكَ يُبَيِّنُ ٱللَّهُ لَكُمْ آيَاتِهِ لَعَلَّكُمْ تَعْقِلُونَ (٢٨٥) آمَنَ ٱلرَّسُولُ بِمَا أُنْزِلَ إِلَيْهِ مِنْ رَبِّهِ وَٱلْمُؤْمِنُونَ كُلٌّ آمَنَ بِٱللَّهِ وَمَلَائِكَتِهِ وَكُتُبِهِ وَرُسُلِهِ لَا نُفَرِّقُ بَيْنَ

أَحَدٍ مِنْ رُسُلِهِ وَقَالُوا سَمِعْنَا وَأَطَعْنَا غُفْرَانَكَ رَبَّنَا وَإِلَيْكَ ٱلْمَصِيرُ ۝

* (من كتاب الجامع الصحيح للبُخارىّ) *

* (من كتاب التوحيد) *

بابُ ما جاء فى دعاء النبىّ صلعم أُمّتَه الى توحيد الله تبارك وتعالى، حدّثنى عبد الله بن ابى الأَسْوَد ثنّا الفَضْل بن العَلاء ثنّا إسْمٰعيل بن أُمَيّة عن يَحْيَى بن عبد الله بن صَيْفىّ انّه سمع ابا مَعْبَد مولى ابن عبّاس يقول سمعتُ ابن عبّاس يقول لمّا بعث النبىّ صلعم مُعاذًا نحو اليمن قال له انّك تَقْدَم على قوم من اهل الكتاب فليكن اوّلَ ما تدعوهم الى ان يوحّدوا الله تع فاذا عرفوا ذلك فأَخبِرهم انّ الله فرض عليهم خمسَ صلوات فى يومهم وليلتهم فاذا صلّوا فأَخبِرهم انّ الله افترض عليهم زكاةَ اموالهم تؤخَذُ من غنيّهم فترَدّ على فقيرهم فاذا اقرّوا بذلك فخذْ منهم زكاة اموالهم وتَوَقّ كرائمَ اموال الناس، حدّثنا محمد بن بَشّار ثنّا غُنْدَر ثنّا شُعْبة عن ابى

حَصين والأَشْعَثِ بن سُليم سمِعا الاسودَ بن هِلال عن مُعاذ بن جَبَل قال قال النبىّ صلّعم يا معاذ أَتَدْرى ما حقّ الله على العباد قال اللهُ ورسولُه اعلمُ قال أن يعبدوه ولا يُشركوا به شيئًا اتدرى ما حقّهم عليه قال الله ورسوله اعلم قال ان لا يعذّبهم،

حدثنا اسمعيل حدثنى مالك عن عبد الرحمٰن ابن عبد الله بن عبد الرحمن بن ابى صَعْصَعة عن ابيه عن ابى سَعيد الخُدْرىّ انّ رجلا سمع رجلا يقرأ قُلْ هو اللهُ أَحَدٌ[١] يردّدها فلمّا اصبح جاء الى النبىّ صلّعم فذكر له ذلك وكأنّ الرجل يتقالّها فقال رسول الله صلّعم والذى نفسى بيده انّها لتَعْدِل ثلثَ القرآن، بابُ قول الله تعٓ عالمُ الغيب فلا يُظْهِرُ على غيبه احدًا[٢] وإنّ الله عنده عِلْم الساعة[٣] وأَنْزَلَه بعِلْمه[٤] وما تَحْمل من انثى ولا تضع الّا بعلمه[٥] اليه يُرَدّ علم الساعة[٦] قال يحيى بن زِياد الظاهرُ على كلّ شىء عِلْمًا والباطن على كلّ شىء عِلْما،

١ القران ١١٢:١ ٢ القران ٧٢:٢٦ ٣ القران ٣١:٣٤
٤ القران ٤:١٦٤ ٥ القران ٣٥:١٢، ٤١:٤٧ ٦ القران ٤١:٤٧

حدثنا خالد بن مَخْلَد ثنا سُلَيْمٰن بن بِلال حدثنى عبد الله بن دِينار عن ابن عمر رضى الله عنهما عن النبىّ صلعم قال مفاتيح الغيب خمس لا يَعلمها الّا الله لا يعلم ما تَغيض الارحامُ[1] الا الله ولا يعلم ما فى غَد الا الله ولا يعلم متى يأتى المطر احد الا الله ولا تدرى نفس بأىّ ارض تموت الا الله ولا يعلم متى تَقوم الساعة الا الله' حدثنا محمد ابن يوسُف ثنا سُفْيان عن اسمعيل عن الشَعْبىّ عن مسروق عن عائشة رضى الله عنها قالت مَن حدّثك انّ محمدا صلعم رأى ربّه *ليلة المعراج* فقد كذب وهو يقول لا تُدرِكه الابصارُ[2] ومن حدّثك انّه يعلم الغيب فقد كذب وهو يقول لا يعلم الغيب الّا اللهُ[3]' باب قول الله تعـ السَلامُ المؤمِن[4]' حدثنا أَحْمَد بن يونُس ثنا زُهير ثنا مُغيرة ثنا شَقيق بن سَلَمة قال قال عبد الله كنّا نصلّى خلف النبىّ صلعم فنقول السلامُ على الله فقال النبىّ صلعم

١ القران ٩:١٣ ٢ القران ١٠٣:٦ ٣ القران ٦٦:٢٧
٤ القران ٢٣:٥٩

انّ الله هو السلام ولكن قولوا التَحيّاتُ لله والصلوات والطيّبات السلامُ عليك ايّها النبى ورحمةُ الله وبركاته السلامُ علينا وعلى عباد الله الصالحين أَشْهَدُ انْ لا الهَ الّا اللهُ واشهد انّ محمدا عبده ورسوله‘ بابُ قول الله تعَ وهو الذى خلق السموات والارض بالحَقّ[١]‘ حدثنا قبيصة ثنا سُفْيان عن ابن جُريج عن سليمان عن طاوُس عن ابن عبّاس رضى الله عنهما قال كان النبى صلّعم يدعو من الليل اللهمّ لك الحمد انت ربّ السموات والارض لك الحمد انت قَيِّم السموات والارض ومن فيهنّ لك الحمد انت نور السموات والارض قولُك الحقّ ووعْدك الحق ولقاؤك حقٌّ والجنّة حق والنار حق والساعة حق اللهم لك اسلمتُ وبك آمنت وعليك توكّلت واليك أنبت وبك خاصمت واليك حاكمت فاْغفر لى ما قدّمتُ وما اخّرت واسررت واعلنت انت الهى لا الهَ لى غيرُك‘ حدثنا ثابت بن محمد ثنا سفيان بهذا *السند والمتن المذكورَيْن* وقال انت الحقّ وقولك الحقّ‘

١ القران ٦:٧٢

بابُ قول الله تع قُلْ هو القادر،[1] حدثنى إبْراهيم ابن المنذِر ثنا مَعْن بن عِيسَى حدثنى عبد الرحمن ابن ابى المَوالِى قال سمعت محمد بن المنكدِر يحدّث عبدَ الله بن الحسن يقول اخبرنى جابر بن عبد الله السَلَمىّ قال كان رسول الله صلّعم يعلّم اصحابه الاستخارة فى الامور كلّها كما يعلّم السورة من القرآن يقول اذا همّ احدكم بالامر فليركع ركعتين من غير الفريضة ثمّ لْيقل اللهمّ انّى استخيرك بعِلْمك واستقدرك بقدرتك واسألك مِن فضلك فانّك تَقدِر ولا اقدر وتعلم ولا اعلم وانت علّام الغيوب اللهم فان كنت تَعلم هذا الامر ثمّ يسمّيه بعينه خيرا لى فى عاجل امرى وآجله قال *الراوى* او *قال* فى دينى ومعاشى وعاقبة امرى فاقدُره لى ويسّرْه لى ثمّ بارك لى فيه اللهم ان كنت تعلم انّه شرّ لى فى دينى ومعاشى وعاقبة امرى او قال فى عاجل امرى وآجله فاصرفنى عنه واقدر لى الخير حيث كان ثمّ رضّنى به، بابٌ إنّ لله مائة اسم الا واحدا، قال ابن عبّاس ذو

[1] القران ٦: ٦٥

الجلال *اى* العظمة البرّ *معناه* اللطيف، حدثنا ابو اليَمان انا شُعيب ثنا ابو الزِناد عن الاعرج عن ابى هُريرة ان رسول الله صلعم قال ان لله تسعة وتسعين اسما مائة الا واحدا من احصاها دخل الجنّة، احصيناه *اى* حفظناه، بابُ السؤال باسماء الله تعَ والاستعاذةِ بها، حدثنا سَعْد بن حَفْص ثنا شَيْبان عن منصور عن رِبْعىّ بن حِراش عن خَرَشة بن الحُرّ عن ابى ذَرّ قال كان النبى صلعم اذا اخذ مضجعه من الليل قال باسمك نموت ونحيا فاذا استيقظ قال الحمد لله الذى احيانا بعد ما اماتنا واليه النشور، حدثنا قُتيبة بن سَعيد ثنا جَرير عن منصور عن سالم عن كُريب عن ابن عبّاس رضهما قال قال رسول الله صلعم لو أن احدكم اذا اراد ان ياتى اهلَه فقال بسم الله اللهم جَنِّبْنا الشيطان وجنّب الشيطان ما رزقتنا فانّه ان يقدَّرْ بينهما ولدٌ فى ذلك لم يَضرّه شيطان ابدًا،

* (من كتاب القدَر) *

باب فى القدر، حدثنا ابو الوَليد هِشام بن عبد

المَلِكِ ثنا شُعْبة انبانى سُلَيْمان الأَعْمَش قال سمعت زَيْد بن وَهْب عن عبد الله قال ثنا رسول الله صلعم وهو الصادق المصدوق قال انّ احدكم يُجْمَع فى بطن امّه ربعين يوما ثم يكون علقةً مثلَ ذلك ثم يكون مضغة مثل ذلك ثم يبعث اليه ملك فيؤمر باربع برزقه واجلِه وشقىٌّ او سعيد فوالله انّ احدكم او الرجلَ يعمل بعمل اهل النار حتى ما يكونُ بينه وبينها غيرُ باع او ذراع فيَسبق عليه الكتاب فيعمل بعمل اهل الجنة فيدخلها وان الرجل ليعمل بعمل اهل الجنة حتى ما يكون بينه وبينها غير ذراع او ذراعين فيسبق عليه الكتاب فيعمل بعمل اهل النار فيدخلها، قال آدَم الّا ذراع، حدثنا سليمان بن حَرْب ثنا حَمّاد عن عُبيد الله بن ابى بَكْر بن أَنَس عن انس بن مالك رضه عن النبى صلعم قال وَكّل الله بالرحم ملكا فيقول أَى رَبِّ نطفةٌ اى رب علقة اى رب مضغة فاذا اراد الله ان يقضى خَلْقها قال اى رب ذكر ام انثى أَشقىّ ام سعيد فما الرزق فما الاجل فيُكتب كذلك فى بطن أُمّه، باب، حدثنا

آدم ثنا شُعْبة ثنا يَزيد الرِشْكُ قال سمعت مُطرِّف ابن عبد الله بن الشِخِّير يحدّث عن عِمْران بن حُصين قال قال رجل يا رسول الله أَيُعرف اهل الجنة من اهل النار قال نعم قال فلِمَ يعمل العاملون قال كلّ يعمل لِما خُلق له ولما يُسّر له ، باب وكان امر اللهِ قدرا مقدورا ، حدثنا عبد الله بن يوسف انا مالك عن ابى الزِناد عن الاعرج عن ابى هُريرة قال قال رسول الله صلّعم لا تسأل المرأةُ طلاق اختها لتَستفرغ صحفتها ولْتَنْكِحْ فان لها ما قُدّر لها ، حدثنا مالك بن إسْمٰعيل ثنا إسرائيل عن عاصم عن ابى عُثْمان عن أُسامة قال كُنْتُ عند النبى صلّعم اذ جاءه رسول احدى بناته وعنده سَعْد * هو ابن عُبادة * وَأُبَىّ بن كَعْب ومُعاذ * هو ابن جَبَل * أَن ابنها يجود بنفسه فبعث اليها لله ما أخذ ولله ما اعطى كلٌّ بأجل فلْتصبر ولْتحتسب ، حدثنا عَبْدان عن ابى حَمْزة عن الاعمش عن سَعْد بن عُبيدة عن ابى عبد الرحمن السُلَمىّ عن عَلىّ رضه قال كنّا جلوسا مع النبى صلّعم ومعه عود يَنكت فى

الارض وقال ما منكم من احد الا قد كُتب مقعده من النار او من الجنة فقال رجل من القوم ألا نتّكل يا رسول الله قال لا اعْملوا فكلّ ميسَّر ثم قرأ فأمّا من أَعْطَى واتَّقى الآيَةَ[1] بابٌ العمل بالخواتيم حدثنا سعيد بن ابى مَرْيَم ثنَا ابو غَسّان حدثنى ابو حازم عن سَهْل ان رجلا من اعظم المسلمين غَناءً عن المسلمين فى غزوة غزاها مع النبى صلّعم فنظر النبى صلّعم فقال من احب ان ينظر الى الرجل من اهل النار فلينظر الى هذا فاتّبعه رجل من القوم وهو على تلك الحال من اشدّ الناس على المشركين * قتالا * حتى جُرح فاستعجل الموت فجعل ذبابة سيفه بين ثدييه حتى خرج من بين كتفيه فاقبل الرجل الى النبى صلّعم مسرعا فقال اشهد انك رسول الله فقال وما ذاك قال قلتَ لفلان * اى عن فلان * مَن احب ان ينظر الى رجل من اهل النار فلينظر اليه وكان من اعظمنا غناءً عن المسلمين فعرفتُ انه لا يموت على ذلك فلما جرح استعجل الموت فقتل نفسه

١ القران ٩٢:٥

فقال النبى صلعم عند ذلك ان العبد ليعمل عمل اهل النار وانه من اهل الجنة ويعمل عمل اهل الجنة وانه من اهل النار وانّما الاعمال بالخواتيم، بابٌ وما كنّا لِنهتدى لولا أَنْ هدانا الله[1] لو أَنّ الله هدانى لكنت من المتّقين[2]، حدثنا ابو النُعْمان انا جَرير هو ابن حازم عن ابى إسْحٰق عن البَراء ابن عازب قال رأيت النبى صلعم يوم الخندق ينقل معنا التراب وهو يقول (من الرَجَز)

واللهِ لولا اللهُ ما اهتدَيْنا ولا صمنا ولا صلّينا
فأَنْزِلَنْ سكينة علينا وثَبِّت الأَقدامَ إن لاقينا
والمشركون قد بغوا علينا اذا ارادوا فتنة أَبَيْنا،

* (من كتاب اللباس) *

بابُ التصاوير، حدثنا آدم قال ثنا ابن ابى ذِئْب عن الزُهْرىّ عن عُبيد الله بن عبد الله بن عُتْبة عن ابن عبّاس عن ابى طَلْحة رضهم قال قال النبى صلعم لا تدخل الملائكة بيتا فيه كلب ولا تصاويرُ

بابُ ما وُطِئ من التصاوير، حدثنا علىّ بن عبد

١ القران ٧ : ٤١ ٢ القران ٣٩ : ٥٨

اللّه قال ثنا سُفْيان قال سمعت عبد الرحمن بن القاسم وما بالمدينة يومئذ أفضلُ منه قال سمعت ابى قال سمعت عائشة رضها قدِم رسول اللّه صلعم من سفر وقد سترتُ بقرام لى على سهوة لى فيه تماثيل فلما رآه رسول اللّه صلعم هتكه وقال أشدّ الناس عذابا يوم القيامة الذين يُضاهون بخلق اللّه قالت فجعلناه وسادة او وسادتين، بابُ كراهية الصلاة فى التصاوير، حدثنا عِمْران بن مَيْسَرة ثنا عبد الوارث ثنا عبد العَزيز بن صُهيب عن أَنَس رضه قال كان قرام لعائشة سترت به جانب بيتها فقال لها النبى صلعم أَميطى عنى فانه لا تزال تصاويره تَعرض لى فى صلاتى، بابٌ لا تدخل الملائكة بيتا فيه صورة، حدثنا يَحْيَى بن سُلَيْمان قال حدثنى ابن وَهْب قال حدثنى عُمَر هو ابن محمد عن سالم عن ابيه قال وعَدَ النبىَّ صلعم جبريلُ فراث عليه حتى اشتدّ على النبى صلعم فخرج النبى صلعم فلقيه فشكا اليه ما وجد فقال له انا لا ندخل بيتا فيه صورة ولا كلب، بابُ مَن لعن المصوِّر، حدثنا محمد بن المثنّى

حدثنى محمد بن جَعْفَر غُنْدَر ثنا شُعْبة عن عَوْن بن ابى جُحَيفة عن ابيه انه اشترى غلاما حجّاما * فأمر بمحاجمه فكسرت فسألتُه عن ذلك * فقال ان النبى صلّعم نهى عن ثمن الدم وثمن الكلب وكَسْب البغىّ ولعَن آكل الربا ومؤكله والواشمة والمستوشمة والمصوّر، باب من صوّر صورة كُلّف يوم القيامة ان ينفخ فيها الروح وليس بنافخ، حدثنا عَيّاش بن الوَليد ثنا عبد الأعلى ثنا سَعيد قال سمعت النَضْر ابن أَنَس بن مالك يحدّث قَتادةَ قال كنت عند ابن عبّاس وهم يسألونه * اى يستفتونه وهو يجيبهم عمّا يستفتونه * ولا يذكر النبىَّ صلّعم * فيما يجيبهم اى لا يذكر الدليل من السنّة * حتى سئل فقال سمعت محمدا صلّعم يقول من صوّر صورة فى الدنيا كلّف يوم القيامة ان ينفخ فيها الروح وليس بنافخ،

* (من كتاب النكاح) *

باب قول النبى صلّعم من استطاع منكم الباءة فليتزوّج لانّه * اى التزوّج * أغضّ للبصر وأحصن للفرج وهل يتزوّج من لا أَرَبَ له فى النكاح، حدثنا

عُمَر بن حَفْص ثنّا ابى ثنّا الأعمش قال حدثنى إبْراهيم عن عَلْقَمة قال كنت مع عبد الله * بن مسعود * فلقيه عُثْمان بمِنًى فقال * عثمان له * يا ابا عبد الرحمن ان لى اليك حاجةً فخَلَيَا فقال عثمان هل لك يا ابا عبد الرحمن فى ان نزوّجك بِكْرا تذكّرك ما كنت تعهد * من نشاطك وقوة شبابك * فلما رأى عبد الله انْ ليس له حاجة الى هذا أشار الىّ فقال يا علقمة فانتهيت اليه وهو يقول أما لئن قلتَ ذلك لقد قال لنا النبى صلعم يا معشر الشباب من استطاع منكم الباءة فليتزوّج ومن لم يستطع فعليه بالصوم فانه له وِجاء ٬

باب كثرة النساء ٬

حدثنا ابراهيم بن مُوسَى انّا هشام بن يُوسُف ان ابن جُريج اخبرهم قال اخبرنى عَطاء قال حضرنا مع ابن عبّاس جنازة مَيْمُونة بسَرِف فقال ابن عباس هذه زوجة النبى صلعم فاذا رفعتم نعشها فلا تزعزعوها ولا تزلزلوها وارْفُقوا فانه كان عند النبى صلعم تسع كان يقسم لثمان * منهن فى المبيت عندهن * ولا يقسم لواحدة * منهن وهى سَوْدة وهبت ليلتها لعائشة * ٬

حدثنا عَلىّ بن الحَكَم الأَنْصارىّ ثنَا ابو عَوانة عن رَقَبة عن طَلْحة اليامىّ عن سَعيد بن جُبير قال قال لى ابن عباس هل تزوّجت قلت لا قال فتزوّجْ فان خير هذه الأمّة اكثرُها نساءً، بابُ ما يُكره من التبتّل والخصاء، حدثنا احمد بن يُونُس ثنَا ابراهيم بن سَعْد انَا ابن شِهاب سمع سَعيد بن المسيَّب يقول سمعت سعد بن ابى وَقّاص يقول ردّ رسول الله صلّعم على عُثْمان بن مظعون التبتّل ولو أذن له لاختصينا، حدثنا قُتيبة بن سَعيد ثنَا جَرير عن إسْمٰعِيل عن قَيْس قال قال عبد الله * بن مسعود رضه * كنّا نغزو مع رسول الله صلّعم وليس لنا شىء فقلنا ألا نستخصى فنهانا عن ذلك ثم رخّص لنا * بعد ذلك * ان ننكح المراة بالثَوْب * اى الى أجل فى نكاح المتعة * ثم قرأ علينا * اى عبد الله بن مسعود * يا ايّها الذين آمنوا لا تحرّموا طيّباتِ ما أحلّ الله لكم ولا تعتدوا إن الله لا يحبّ المعتدين[1]، وقال أَصْبَغ اخبرنى ابن وَهْب عن يونس بن يَزيد عن ابن

١ القران ٥ : ٨٩

شِهاب عن ابى سَلَمة عن ابى هُريرة رضه قال قلت يا رسول الله انى رجل شابّ وانا أخاف على نفسى العنت * اى الزنا * ولا اجد ما اتزوّج به النساء فسكت عنّى ثم قلت مثل ذلك فسكت عنى ثم قلت مثل ذلك فسكت عنى ثم قلت مثل ذلك فقال النبى صلعم يا ابا هريرة جفّ القلم بما انت لاقٍ فاختصِ على ذلك * اى فاختص حال استعلائك على العِلْم بأن كلّ شىء بقضاء الله وقدره * او ذرْ ‘

باب نكاح الابكار وقال ابن ابى مُليكة قال ابن عباس لعائشة لم ينكح النبى صلعم بكرا غيرك ‘ حدثنا اسمعيل بن عبد الله قال حدثنى اخى عن سليمان عن هِشام بن عُرْوة عن ابيه عن عائشة رضها قالت قلت يا رسول الله أَرَأَيتَ لو نزلتَ واديا وفيه شجرة قد أُكل منها ووجدتَ شجرة لم يؤكل منها فى ايّها كنت ترتع بعيرك قال فى التى لم يُرْتَع منها تعنى ان رسول الله صلعم لم يتزوّج بكرا غيرها ‘

باب الثيّبات وقالت امّ حَبيبة * امّ المؤمنين * قال النبى صلعم لا تَعْرِضن علىّ بناتِكن ولا اخواتكن * لحرمتهن

لأنّهن ربائبه وهو يحقق أنه عليه الصلاة والسلام تزوج الثيّب ذات البنت من غيره فحصلت المطابقة بين الحديث والترجمة *، حدثنا ابو النُعْمان ثنا هُشيم ثنا سَيّار عن الشَعْبيّ عن جابر بن عبد الله قال قفلنا مع النبى صلّعم من غزوة فتعجّلت على بعير لى قطوف فلحقنى راكب مِن خلفى فنخس بعيرى بعنزة كانت معه فانطلق بعيرى كأجودِ ما انت راءٍ من الابل فاذا النبى صلّعم فقال ما يُعجلك قلت كنت حديث عَهْد بعُرْس قال بِكْرا ام ثيّبا قلت ثيّب قال فهلّا جاريةً تلاعبها وتلاعبك قال فلما ذهبنا لندخل * المدينة * قال أَمِهلوا حتى تدخلوا ليلا اى عشاء لكى تمتشط الشعثة وتستحدّ المُغِيبة،

باب اتّخاذ السراريّ ومَن أعتق جاريتَه ثم تزوّجها،

حدثنا قُتيبة ثنا اسمعيل بن جَعْفَر عن حُميد عن أنس رضّه قال اقام النبى صلّعم بين خَيْبَر والمدينة ثلاثا يُبْنَى عليه بصَفِيّة بنت حُيَيّ فدعوت المسلمين الى وليمته فما كان فيها من خبز ولا لحم أُمِرَ بالأنطاع فأُلْقَى فيها من التمر والأقط والسمن فكانت وليمتَه

فقال المسلمون احدى امّهات المؤمنين او مما ملكت يمينُه فقالوا ان حجبها فهى من امّهات المؤمنين وان لم يحجبها فهى مما ملكت يمينه فلما ارتحل وطّأ لها خَلْفَه * اى على الراحلة * ومدّ الحجابَ بينها وبين الناس، بابُ مَن جعل عتق الأَمة صداقها، حدثنا قُتيبة بن سَعيد ثنا حَمّاد عن ثابت وشُعيب بن الحَبْحاب عن أنس بن مالك ان رسول الله صلّعم أعتق صَفيّة وجعل عتقها صداقها، بابُ ما يَحلّ من النساء وما يَحرم وقوله تعٓ حُرّمت عليكم امّهاتكم وبناتكم واخواتكم وعمّاتكم وخالاتكم وبنات الاخ وبنات الاخت الى آخر الآية[1] وقال أنس والمحصَنات من النساء * اى * ذوات الازواج الحرائر حَرامٌ الّا ما ملكت أيمانُكم[2] لا يَرى بأسا أن ينزع الرجل جاريتَه من عبده وقال * الله تعٓ * ولا تنكحوا المشركات حتى يؤمنّ[3] وقال ابن عباس ما زاد على اربع * من الزوجات * فهو حرام كأمّه وابنته وأخته، وقال لنا احمد بن حَنْبَل ثنا يَحْيَى بن سَعيد عن سُفْيان

١ القران ٤:٢٧ ٢ القران ٤:٢٨ ٣ القران ٢:٢٢٠

حدثنى حَبيب عن سَعيد عن ابن عباس حُرِّم من النسب سبع ومن الصهر سبع ثم قرأ حرّمت عليكم امّهاتكم الآيةَ * وزاد الطَبَرانىّ من طريق عُمير مولى ابن عباس عن ابن عباس فى آخر الحديث ثم قرأ حرمت عليكم امهاتكم حتى بلغ وبنات الاخ ثم قال هذا النسب ثم قرأ وامهاتكم اللاتى أرضعنكم حتى بلغ وأن تَجمعوا بين الأختين وقرأ ولا تَنكحوا ما نكح آباؤكم من النساء[1] فقال هذا الصهر * وجمع عبد الله بن جَعْفَر * اى ابن أبى طالب * بين ابنة عَلىّ وامراة علىّ وقال ابن سِيرِين لا بأس به وكرهه الحَسَنُ * البَصْرىّ * مرّة ثم قال لا بأس به وجمع الحسن بن الحسن بن علىّ بين ابنتى عمّ فى ليلة وكرهه جابر بن زَيْد للقطيعة * اى لوقوع التنافس بينهما فى الحظوة عند الزوج فيؤدّى ذلك الى القطيعة * وليس فيه تحريم لقوله تعَ وأُحِلَّ لكم ما وراء ذلكم[2]

بابٌ هل للمراة أن تهب نفسها لأحد حدثنا محمد ابن سَلام ثنا ابن فُضيل ثنا هِشام عن ابيه *عُرْوة

[1] القران ٤: ٢٦ [2] القران ٤: ٢٨

ابن الزُبير * قال كانت خَوْلة بنت حكيم من اللائى وهبن انفسهن للنبى صلّعم فقالت عائشة أَما تستحى المراةُ أن تهب نفسها للرجل فلما نزلت تُرْجِئُ من تشاء منهنّ[1] قلت يا رسول الله ما أرى ربَّك آلّا يسارع فى هواك رواه * اى الحديث المذكور * ابو سَعيد المؤدِّب ومحمد بن بِشْر وعَبْدة عن هِشام عن ابيه عن عائشة يزيد بعضهم على بعض، باب نَهْى رسول الله صلّعم عن نكاح المُتْعة آخِرا * وهو المؤقّت بمدّة معلومة كسنة او مجهولة كقدوم زيد وقد كان جائزا فى صدر الإسلام للمضطرّ كأكل الميتة ثم حرّم كما أُفهمه قول المصنّف، * حدثنا مالك بن اسمعيل ثنّا ابن عُيينة انه سمع الزُهْرىّ يقول اخبرنى الحسن ابن محمد بن علىّ واخوه عبد الله عن ابيهما ان عليّا رضه قال لابن عباس ان النبى صلّعم نهى عن المتعة وعن لحوم الحمر الأهليّة زمنَ خيبر، حدثنا محمد بن بشّار ثنّا غُنْدَر ثنّا شُعْبة عن ابى جَمْرة قال سمعت ابن عباس سئل عن متعة النساء فرخّص

---

١ القران ٣٣: ٥١

فقال له مولى له انما ذلك * الترخيص * فى الحال الشديد * من قوة الشهوة والعزوبة * وفى النساء قلّةٌ او نحوَه فقال ابن عباس نَعَمْ، باب اذا باتت المراة مهاجرةً فراش زوجها، حدثنا محمد بن بشّار ثنا ابن ابى عَدِىّ عن شُعْبة عن سليمان عن ابى حازم عن ابى هُريرة رضه عن النبى صلعم قال اذا دعا الرجل امراته الى فراشه فأبت ان تجىء لعنتها الملائكةُ حتى تصبح، باب خروج النساء لحوائجهن، حدثنا فَرْوة بن ابى المَغْراء ثنا علىّ بن مُسْهِر عن هِشام عن ابيه * عُرْوة بن الزُبير * عن عائشة قالت خرجت سَوْدةُ بنت زَمْعة ليلا فرآها عُمَر فعرفها فقال انك والله يا سودة ما تَخفين علينا فرجعت الى النبى صلعم فذكرت ذلك له وهو فى حجرتى يتعشّى وان فى يده لعَرْقا فأُنزل عليه فرُفع عنه وهو يقول قد أذن الله لكن أن تخرجن لحوائجكن، باب استئذان المراة زوجها فى الخروج الى المسجد وغيره، حدثنا علىّ بن عبد الله ثنا سُفْيان ثنا الزُهْرىّ عن سالم عن ابيه عن النبى

صلعم اذا استأذنت امراةُ احدكم الى المسجد فلا يمنعْها ۞

* (كتاب الآجُرُّومِيّة لمحمّد بن داوُد الصِنْهاجيّ الشهير بابن آجرّوم) *

بسم الله الرحمن الرحيم

الكَلام هو اللفظ المركَّب المُفيد بالوَضْع وأقسامه ثلاثة اسْم وفِعْل وحَرْف جاء لمَعْنًى ' فالاسم يُعْرَف بالخَفْض والتَنْوين ودخولِ الأَلِف واللام وحروفِ الخفض وهى مِنْ وإلَى وعَنْ وعَلَى وفِى ورُبَّ والباء والكاف واللام وحروفِ القَسَم وهى الواو والباء والتاء ' والفعل يعرف بقَدْ والسِين وسَوْف وتاء التأنيث ' والحرف ما لا يَصلح معه دليل الاسم ولا دليل الفعل * (باب الإعْرابِ) * الاعراب تغيير أواخر الكلم لاختلاف العوامل الداخلة عليها لفظًا او تقديرًا وأقسامه اربعة رَفْع ونَصْب وخَفْض وجَزْم فللأسماء من ذلك الرفع والنصب والخفض ولا جَزْمَ فيها وللأفعال من ذلك الرفع

والنصب والجزم ولا خفضَ فيها *(باب معرفة علامات الإعراب)* للرفع أَربع علامات الضَمّة والواو والأَلِف والنُون فأمّا الضمّة فتكون علامة للرفع فى اربعة مواضع فى الاسم المُفْرَد وجَمْع التكسير وجمع المؤنّث السالم والفِعْل المُضارِع الذى لم يَتّصل بآخِره شىء وأمّا الواو فتكون علامة للرفع فى موضعين فى جمع المذكَّر السالم وفى الاسماء الخمسة وهى أَبُوكَ وأَخُوك وحَمُوك وفُوك وذو مالٍ وأمّا الألف فتكون علامة للرفع فى تَثْنِيَة الأسماء خاصّةً وأمّا النون فتكون علامة للرفع فى الفعل المضارع اذا اتّصل به ضميرُ تثنية او ضمير جمع او ضمير المؤنّثة المخاطَبة، وللنصب خمس علامات الفَتْحة والألف والكَسْرة والياء وحَذْف النون فأمّا الفتحة فتكون علامة للنصب فى ثلاثة مواضع فى الاسم المفرد وجمع التكسير والفعل المضارع الذى لم يتّصل بآخره شىء وامّا الألف فتكون علامة للنصب فى الأسماء الخمسة نَحْوَ رأيتُ اباك واخاك وامّا الكسرة فتكون علامة للنصب فى جمع المؤنّث السالم وامّا الياء فتكون علامة للنصب فى التثنية والجمع وامّا

حذف النون فيكون علامة للنصب فى الأفعال التى رَفْعها بثَبات النون، وللخفض ثلاث علامات الكسرة والياء والفتحة فامّا الكسرة فتكون علامة للخفض فى ثلاثة مواضع فى الاسم المفرد المنصرِف وجمع التكسير المنصرِف وجمع المؤنّث السالم وامّا الياء فتكون علامة للخفض فى ثلاثة مواضع فى الأسماء الخمسة وفى التثنية والجمع وامّا الفتحة فتكون علامة للخفض فى الاسم الذى لا ينصرف، وللجزم علامتان السُكون والحَذْف فامّا السكون فيكون علامة للجزم فى الفعل المضارع الصَحيحِ الآخِرِ وامّا الحذف فيكون علامة للجزم فى الفعل المضارع المعتلِّ الآخر وفى الأفعال التى رفعها بثبات النون *(فصل)* المُعْرَبات قِسْمان قسم يُعْرَب بالحَرَكات وقسم يعرب بالحروف فالذى يعرب بالحركات اربعة أنواع الاسم المفرد وجمع التكسير وجمع المؤنّث السالم والفعل المضارع الذى لم يتّصل بآخره شىء وكُلّها تُرْفَع بالضمّة وتنصب بالفتحة وتخفض بالكسرة وتجزم بالسكون وخَرَج عن ذلك ثلاثة أشياء جمع المؤنّث السالم * ينصب بالكسرة * والاسم

الذى لا ينصرف * يخفض بالفتحة * والفعل المضارع المعتلّ الآخر * يجزم بحذف آخره * والذى يعرب بالحروف اربعة انواع التثنية وجمع المذكَّر السالم والاسماء الخمسة والافعال الخمسة وهى يَفْعَلانِ وتَفْعَلانِ ويَفْعَلُونَ وتَفْعَلُونَ وتَفْعَلِينَ فامّا التثنية فترفع بالالف وتنصب وتخفض بالياء وامّا جمع المذكّر السالم فيرفع بالواو وينصب ويخفض بالياء وامّا الاسماء الخمسة فترفع بالواو وتنصب بالالف وتخفض بالياء وامّا الافعال الخمسة فترفع بالنون وتنصب وتجزم بحذفها * (باب الأفعال) * الافعال ثلاثة ماضٍ ومُضارِع وأَمْر نحوُ ضَرَبَ يَضْرِبُ اضْرِبْ فالماضى مفتوح الآخِر أَبَدًا والأمر مجزوم أبدا والمضارع ما كان فى أوّلِه أحد الزوائد الاربعة يَجْمعها قولُك أَنَيْتُ وهو مرفوع ابدا حتّى يَدخلَ عليه ناصبٌ او جازمٌ فالنواصب عشرة وهى أَنْ ولَنْ وإذًا[١] وكَىْ ولامُ كَىْ ولامُ الجُحود وحَتّى والجوابُ بالفاء والواوِ وأَوْ والجوازم ثمانية عشر وهى لَمْ ولَمّا وأَلَمْ وأَلَمّا ولامُ الأَمْر والدُعاء ولا فى النَهْى

---

١ وإن شئتَ كتبتها إذَنْ

والدُعاء وإنْ ومَا ومَنْ ومَهْمَا وإذْمَا وأَىّ ومَتَى وَأَيَّانَ وأَيْنَ وأَنَّى وحَيْثُما وكَيْفَمَا وإذَا فى الشِعْر خاصّةً

(باب مرفوعات الأسماء) المرفوعاتُ سبعةٌ وهى الفاعل والمفعول الذى لم يُسَمَّ فاعلُه والمبتدَأُ وخَبَرُه واسم كان وأخواتِها وخبر إنّ وأخواتِها والتابع للمرفوع وهو اربعة اشياء النَعْت والعَطْف والتَوْكِيد والبَدَل

(باب الفاعل) الفاعل هو الاسم المرفوع المذكور قَبْلَه فِعْلُه وهو على قسمين ظاهرٍ ومُضْمَرٍ فالظاهر نحوُ قولك قامَ زَيْدٌ ويَقوم زيد وقام الزيدانِ ويقوم الزيدان وقام الزيدُون ويقوم الزيدون وقام أخوك ويقوم أخوك والمضمر نحوُ قولك ضَرَبْتُ وضربْنا وضربتَ وضربتِ وضربتما وضربتم وضربتنّ وضَرَب وضربَتْ وضَرَبا وضربوا وضربن

(باب المفعول الذى لم يسمّ فاعله) وهو الاسم المرفوع الذى لم يُذْكَر معه فاعلُه فإن كان الفعل ماضيا ضُمّ أوّلُه وكُسر ما قبل آخِره وإن كان مضارعا ضمّ أوّله وفتح ما قبل آخره وهو على قسمين ظاهرٌ ومضمر فالظاهر نحوُ قولك ضُرب زيدٌ ويُضرب زيد وأُكرم عَمْرٌو ويكرم عمرو والمضمر

نحوُ قولك ضُربتُ وضربنا وضربتَ وما أُشبه ذلك

(باب المبتدأ والخبر) المبتدأُ هو الاسم المرفوع العارى عن العوامل والخبر هو الاسم المرفوع المُسْنَد اليه نحوَ قولك زيدٌ قائمٌ والزيدان قائمان والزيدون قائمون، والمبتدأُ قسمان ظاهر ومضمر فالظاهر ما تقدّم ذكرُه والمضمر اثنا عشر وهى أَنا ونحن وأَنتَ وأَنتِ وأَنتما وأَنتم وأَنتنّ وهو وهى وهما وهم وهنّ نحوَ قولك أَنا قائم ونحن قائمون وما اشبه ذلك، والخبر قسمان مُفْرَد وغيرُ مفرد فالمفرد نحوُ زيدٌ قائم وغير المفرد اربعةُ اشياء الجارُّ والمجرورُ والظَّرْف والفعل مع فاعِلِه والمبتدأ مع خبره نحوَ زيدٌ فى الدار وزيد عندك وزيد قامَ أَبوه وزيد جاريتُه ذاهبةٌ

(باب العوامل الداخلة على المبتدإِ والخبر) وهى ثلاثة اشياء كان واخواتها وإِنّ واخواتها وظَنَنْتُ واخواتها، فامّا كان واخواتها فإِنّها ترفع الاسم وتنصب الخبرَ وهى كان وأَمسى وأَصبح وأَضحى وظلّ وبات وصار وليس وما زال وما انفكّ وما فتئَ وما برِح وما دام وما تصرّف منها نحوَ كان ويَكون وكُنْ وأَصبح

ويُصبح وأصبح تقول كان زيد قائما وليس عمرو شاخصا وما اشبه ذلك، وامّا إنّ واخواتها فإنّها تنصب الاسم وترفع الخبر وهى إنّ وأَنّ ولكِنّ وكأَنّ ولَيْتَ ولَعَلّ تقول إنّ زيدا قائم وليت عَمْرًا شاخص وما اشبه ذلك ومعنى إنّ وأنّ للتوكيد ولكنّ للاستدراك وكأنّ للتشبيه وليت للتمنّى ولعلّ للترجّى والتوقّع، وامّا ظننت واخواتها فإنّها تنصب المبتدأ والخبر على أنّهما مفعولان لها وهى ظننت وحسِبت وخِلْت وزعمت ورأيت وعلمت ووجدت واتّخذت وجعلت وسمعت تقول ظننت زيدا منطلِقا وخلت عمرا شاخصا وما اشبه ذلك *(باب النَعْت)* النعت تابع لمَنْعُوته فى رفعه ونصبه وخفضه وتعريفه وتنكيره تقول قام زيدٌ العاقلُ ورأيت زيدا العاقلَ ومررتُ بزيد العاقلِ، والمَعْرِفة خمسة اشياء الاسمُ المضمر نحوُ أنا وأنتَ والاسمُ العَلَمُ نحو زيد ومكّة والاسم المُبْهَم نحو هذا وهذه وهؤلاء والاسم الذى فيه الألف واللام نحو الرجل والغلام وما أُضِيفَ الى واحد من هذه الاربعة، والنَكِرة كلّ اسم شائع فى جنسه لا يَختصّ به واحد

دون آخَر وتقريبُه كُلُّ ما صلَح معه دخولُ الالف واللام عليه نحوُ الرجل والفرس *(باب العَطْف)* وحروف العطف عشرة وهى الواو والفاء وثُمَّ وأَوْ وأَمْ وإمّا وبَلْ ولا ولٰكِنْ وحَتّى فى بعض المواضع فإنْ عطَفتَ بها على مرفوع رفعتَ او على منصوب نصبتَ او على مخفوض خفضت او على مجزوم جزمت تقول قام زيدٌ وعمرٌو ورأيتُ زيدا وعمرا ومررت بزيد وعمرو *(باب التوكيد)* التوكيد تابع لموكَّده فى رفعه ونصبه وخفضه وتعريفه ويكون بألفاظ معلومة وهى النَفْس والعيْن وكُلّ وأَجْمَعُ وتوابعُ أَجْمَعَ وهى أَكْتَعُ وأَبْتَعُ وأَبْصَعُ تقول قام زيدٌ نفسُه ورأيت القومَ كلَّهم ومررت بالقوم اجمعِينَ *(باب البَدَل)* اذا أُبدل اسم من اسم او فعل من فعل تبِعه فى جميع إعرابه وهو على اربعة اقسام بدلُ الشىء من الشىء وبدل البَعْض من الكُلّ وبدل الاشتمال وبدل الغَلَط نحوَ قولك جاء زيدٌ اخوك وأكلتُ الرغيف ثُلُثَه ونفعنى زيدٌ عِلْمُه ورأيت زيدا الفرَس أردتَ أن تقول الفرَس فغلطتَ فأبدلتَ زيدا منه *(باب منصوبات الأسماء)*

المنصوبات خمسة عشر[1] وهى المفعول به والمَصْدَر وظَرْف الزمان وظرف المَكان والحال والتمييز والمستثنى واسمُ لا والمنادَى والمفعول من أَجْله والمفعول معه وخبر كان واخواتِها واسم إنّ واخواتِها والتابع للمنصوب وهى اربعة اشياء النعت والعطف والتوكيد والبدل

(باب المفعول به) وهو الاسم المنصوب الذى يقع به الفعلُ نحوَ ضربتُ زيدا وركبت الفرس وهو قسمان ظاهر ومضمر فالظاهر ما تقدّم ذكرُه والمضمر قسمان متّصِل ومنفصِل فالمتّصل اثنا عشر نحوَ قولك ضَرَبَنِى وضَرَبَنا وضربكَ وضربكِ وضربكما وضربكم وضربكن وضربه وضربها وضربهما وضربهم وضربهنّ والمنفصل اثنا عشر نحو قولك إيّاىَ وإيّانا واياكَ واياكِ واياكما واياكم واياكن واياه واياها واياهما واياهم واياهنّ

(باب المَصْدَر) المصدر هو الاسم الذى يَجِىء ثالثا فى تصريف الفعل * نحوَ قولك ضَرَبَ يَضْرِبُ ضَرْبًا *

---

١ ذكر فى الترجمة ان منصوبات الاسماء خمسة عشر ثمّ لمّا ذكرها فى الابواب ذكرها اربعة عشر وهو مثبت فى اصل المؤلّف واظنّه غلط ويمكن ان يكون الخامس عشر الذى تركه خبر ما الحِجازيّة أفاده الماكودىّ

وهو على قسمين لَفْظِيٌّ ومَعْنوىّ فإن وافق لفظَ فعله فهو لفظىّ نحوَ قتلتُه قتلًا وإن وافق معنى فعله دون لفظه فهو معنوىّ نحوَ جلست قعودا وقمت وقوفا وما اشبه ذلك *(باب ظَرْف الزمان وظرف المكان)* ظرف الزمان هو اسم الزمان المنصوبُ بتقديرِ فى نحوَ اليومَ والليلةَ وغُدْوةً وبُكْرةً وسَحَرًا ١ وغَدًا وعَتَمةً وصَباحًا ومَساءً وأَبَدًا وأَمَدًا وحِينًا وما اشبه ذلك، وظرف المكان هو اسم المكان المنصوب بتقديرِ فى نحوَ أَمامَ وخَلْفَ وقُدّامَ ووراءَ وفَوْقَ وتَحْتَ وعِنْدَ ومَعَ وإزاءَ وتِلْقاءَ وحِذاءَ وهُنَا وثَمَّ وما اشبه ذلك *(باب الحال)* الحال هو الاسم المنصوب المفسِّر لِما انبهم من الهَيْئات نحوَ جاء زيدٌ راكبًا وركبتُ الفرس مُسْرَجا ولقيتُ عبد الله راكبا وما اشبه ذلك ولا تكون الحال إلّا نكرةً ولا تكون إلّا بعد تمام الكلام ولا يكون صاحبها إلّا معرفةً *(باب التمييز)* التمييز هو الاسم المنصوب المفسِّر لِما انبهم من الذوات نحوَ قولك تصبّب زيدٌ عَرَقًا وتفقّأَ بَكْرٌ شَحْمًا وطابَ محمد نَفْسًا

١ غدوة وبكرة وسحرا بالتنوين مع التنكير وبعدمه مع التعريف

واشتريتُ عشرين غلاما وملكتُ تسعين نعجةً وزيد أَكْرَمُ منك أَبًا وأَجْمَلُ منك وَجْها ولا يكون إلّا نكرة ولا يكون إلّا بعد تمام الكلام *(باب الاستثناء)* وحروف الاستثناء ثمانية وهى إلّا وغَيْر وسِوًى وسُوًى وسَواء وخَلَا وعَدَا وحَاشَا[1] فالمستثنَى بإلّا يُنْصَب إذا كان الكلام مُوجَبا تامّا نحوَ قام القومُ إلّا زيدا وخرج الناس إلّا عمرا وإن كان الكلام مَنْفيّا تامّا جاز فيه البدل والنصب على الاستثناء نحوَ ما قام أَحدٌ إلّا زيدٌ وإلّا زيدا[2] وإن كان الكلام ناقصا كان على حَسَب العوامل نحوَ ما قام إلّا زيدٌ وما ضربتُ إلّا زيدا وما مررت إلّا بزيد والمستثنى بغَيْر وسِوى وسُوى وسواء مجرور لا غَيْرُ والمستثنى بخلا وعدا وحاشا يجوز نصبه وجَرّه نحوَ قام القومُ خلا زيدا وزيدٍ وقام القوم عدا عمرا وعمرٍو وحاشا زيدا وزيدٍ *(باب لا)* اِعْلَمْ أَنّ لا تنصب النكرةَ بغير تنوين اذا باشرتِ النكرةَ ولم تتكرّر لا نحوَ لا رجلَ فى الدار فإن لم تباشرها وجب الرفع * والتنوين * ووجب تَكْرارُ لا نحوَ لا فى الدار

١ وتكتب ايضا حاشى   ٢ والأوّل أجود

رجلٌ ولا امرأةٌ وإن تكرّرت جاز إعمالها وإلغاؤها نحوَ لا رجلٌ فى الدار ولا امرأةٌ *(باب المنادَى)* المنادى خمسة انواع المُفْرَدُ العَلَمُ والنكرة المقصودة والنكرة غير المقصودة والمُضاف والمشبّه بالمضاف فالمفرد العلم والنكرة المقصودة يُبْنَيانِ على الضمّ من غير تنوين نحوَ يا زيدُ ويا رجلُ[1] والثلاثة الباقية[2] منصوبة لا غيرُ *(باب المفعول مِن أَجْلِه)* وهو الاسم المنصوب الذى يجىء بيانا لسبب وقوع الفعل نحوَ قولك قام زيد إجْلالًا لِعمرو وقصدتك ابتغاء معروفك *(باب المفعول معه)* وهو الاسم المنصوب الذى يُذْكَر لبيان مَن فُعل معه الفعلُ نحوَ جاء الاميرُ والجيشَ واستوى الماء والخشبةَ ؛ وامّا خبر كان واخواتها واسم إنّ واخواتها فقد تقدّم ذكرهما فى المرفوعات وكذلك التوابع فقد تقدّمت هنالك *(باب مخفوضات الاسماء)* المخفوضات ثلاثة مخفوض بالحرف ومخفوض بالإضافة وتابع

١ تريد به رجلا معيّنا

٢ وهى نحو يا رجلًا تريد به رجلا غير معيّن ويا عبدَ الله ويا طالِعًا جبلًا

للمخفوض فامّا المخفوض بالحرف فهو ما يُخفض بمِنْ وإلى وعن وعلى وفى ورُبَّ والباء والكاف واللام وبحروف القَسَم وهى الواو والباء والتاء وبواو رُبَّ وبمُذْ ومُنْذُ وامّا ما يخفض بالإضافة فنحوُ غلامُ زيدٍ وهو على قسمين ما يقدَّر باللام وما يقدّر بمِنْ فالذى يقدّر ه باللام نحوُ غلامُ زيد والذى يقدّر بمن نحوُ ثوبُ خزّ وبابُ ساج وخاتم حديد

تم بحمد الله

Lightning Source UK Ltd.
Milton Keynes UK
UKOW06f1940071014

239773UK00005B/184/P